Heinrich Fallner/Michael Pohl
Coaching mit System

Heinrich Fallner
Michael Pohl

Coaching mit System

Die Kunst nachhaltiger Beratung

Mit Illustrationen von Gudrun Pohl

Leske + Budrich, Opladen 2001

Die Deutsche Bibliothek – CIP-Einheitsaufnahme
Ein Titeldatensatz für die Publikation ist bei
Der Deutschen Bibliothek erhältlich

ISBN 3-8100-2882-7-6

Satz: Leske + Budrich, Opladen
Druck: DruckPartner Rübelmann, Hemsbach
Printed in Germany

Inhalt

Teil II – Coaching als professionelle Begegnung

Heinrich Fallner

Teil III – Coaching-Praxis

Heinrich Fallner/Michael Pohl

Teil IV – Lesebuch „Coaching-Kontexte"

Michael Pohl / Heinrich Fallner

Coaching mit System – ein Überblick

Technische Systeme brauchen Wartung
– soziale Systeme brauchen Pflege

Coaching ist eine Form professioneller Beratung und Begleitung von Menschen in leitenden oder beratenden Funktionen. Es ist ein Beitrag zur Gestaltung von Arbeits- und Ausbildungssystemen. Jeder der mit Klienten, Kunden oder Seminarteilnehmern arbeitet, kann es zur Stabilisierung und Qualifizierung seines beruflichen Handelns nutzen.

Die Zielgruppen von Coaching mit System sind Einzelpersonen in verantwortungsvollen Positionen (Führungs- oder Beratungsfachkräfte) sowie organisatorische Subsysteme (Teams, Projektgruppen, Abteilungen)

- in helfenden (Sozialarbeit, Gesundheitswesen, Kirche),
- lehrenden (Aus- und Weiterbildung, Schule, Hochschule, Training),
- verkaufenden (Handel und Banken),
- gestaltenden (Kunst und Medien) sowie
- planenden (Politik und Verwaltung) Funktionen.

Coaching mit System ist ein ebenso leichtgängiges wie intensives Begleitungs- und Trainings-Konzept. Es ist *leichtgängig*, weil es schnell und unkompliziert auf aktuelle Erfordernisse und auch Nöte (→ Not-Wendigkeiten) eingehen kann. Es ist ziel- und bedarfsorientiert. Es ist *intensiv*, weil es berufliches Erleben und Handeln systematisiert und vertiefend angeht und weil es mit den vorhandenen Ressourcen neue Herausforderungen anpackt.

Coaching mit System verbindet humanwissenschaftliche Fundierung mit künstlerischer, manchmal spielerischer Herangehensweise. Es ist integrativ, weil es Arbeitsbeziehungen im Einflußfeld organisatorischer Strukturen (System), persönlicher Eigenarten (Biographie), der Auseinandersetzung mit Sinnfragen (Leitbilder) und im Blick auf größeren soziale Zusammenhänge (gesellschaftliche Verantwortung) sieht.

Coaching mit System ist

- *pragmatisch*, weil es immer um konkrete unkomplizierte Anwendbarkeit geht, und
- *existentiell*, weil zur Machbarkeit für uns immer auch die verantwortungsgeleitete Reflexion von Sinnfragen gehört.

Die wohlwollend kritische, vertiefende und überprüfende Betrachtung: Was kann hier und jetzt getan werden? Hat das, was wir tun Herz und Verstand? Diese Fragen gehören für uns untrennbar zusammen.

Einflüsse oder „der Coach stiehlt, wo er kann"

Was für den Geist gilt, gilt auch für den Coach. Einsame Denker und Erfinder sind in einer hochgradig vernetzten Welt nur noch Fiktion. Unsere Konzepte sind nicht nur auf unserem eigenen Mist gewachsen. Sie sind eine Koproduktion der beiden Autoren *und* das Ergebnis des Zusammenwirkens vieler Menschen, Kräfte und Systeme, die wir allein schon deshalb nicht alle aufführen können, weil vieles Angeeignete uns so in Fleisch und Blut übergegangen ist, daß der Ursprung verblaßt und es zu Eigenem geworden ist.

Der Begriff Coaching ist aktuell und es ist eine Menge dazu geschrieben worden. Wir nehmen aus vorhandenen Coaching-Konzepten, was uns nützlich erscheint (→ Coaching-Definitionen) und verbinden es mit Elementen aus anderen Disziplinen. Kombiniert mit unseren eigenen Ideen, Akzenten und ausgiebigen Praxis-Erfahrungen machen wir etwas hoffentlich Brauchbares daraus.

Wir erfinden das Rad nicht neu, wir stellen eine eigene *Reifensorte mit möglichst griffigem Profil* vor. Für Dienstfahrten, für Geländefahrten und für Fahrten ins Unbekannte, zu denen mehr als die bisherige Routine erforderlich ist.

Wir stehen unter *Einfluß*. Wir wurden beeinflußt von den vielen Menschen, mit denen wir gearbeitet haben, von unserer Geschichte, unseren Arbeits- und Lebensbedingungen. Konzeptionell beeinflußt sind wir unter anderem von *Gregory Bateson* (Systemtheorie) und *Paul Watzlawick* (Kommunikationstheorie), von *Joseph Zinker* und *Bruno Paul de Roeck* (Gestalt), von *Kurt Lewin* und *Erich Fromm* (Sozialpsychologie), von *Edwin Nevis* und *Peter Senge* (Organisationsberatung), von *City* und *Bob Dylan* (bei radikalem Wandel sich selber treu bleiben).

Sich treu bleiben, bedeutet nicht, sich auf bisherige Kompetenzen zu reduzieren. Es bedeutet, sich auf neue Herausforderungen einzustellen und sich immer wieder auf die eigene Handlungskunst zu konzentrieren.

Wir sehen und praktizieren Coaching besonders aus dem Blickwinkel der Kreativität. Uns interessieren dabei weniger Modernität und Innovation um ihrer selbst willen, denn Innovation ohne Gegenpol – also die Bewahrung von Bewahrenswertem – verliert den Boden unter den Füßen. Viel wichtiger und spannender finden wir es, vorhandene Elemente neu und vielleicht ungewohnt zu kombinieren, zu experimentieren und Berührungsängste abzubauen.

Die Elemente dieses Buches

Ohne Theorie gibt es keine fundierte Praxis und ohne Praxis keine tragfähige Theorie. Dementsprechend ist dieses Buch aufgebaut.

- *Wie macht sich Coaching verständlich?* Die Kunst des Coaching (Teil I) ist wirkungslos, wenn sie nicht anschluß- und übersetzungsfähig ist. Ein Coach sollte sich in verschiedenen Sprachcodes bewegen können. Deshalb beantworten wir die Frage „Coaching wozu?“ in drei Varianten. Zunächst alltagsssprachlich „für Einsteiger“, dann zweckrational „für Betriebswirte“ und schließlich in der Fachsprache der Beratung.

- *Was unterscheidet Coaching von anderen Beratungsformen?* In einer Standortbestimmung beschreiben wir unter Bezugnahme auf andere relevante Konzepte unser Verständnis von Coaching, seine Ziele und Funktionen. Nach einer Skizzierung der Gemeinsamkeiten und Unterschiede von Coaching und Supervision folgt der Entwurf eines integrativen Coaching-Konzepts. Der Ansatz „Coaching mit System“ wird charakterisiert durch die konsequente Einbeziehung kreativ-analoger Arbeitsweisen und die Schwerpunktsetzung auf systemorientiertes Coaching.
- *Wie wird Coaching wirksam?* Als Gestaltung von Arbeitsbeziehungen, sozialen Räumen und Prozessen ist es im Wesen kreativ. Als Gestaltung sozialer Wirklichkeiten bewegt es sich zwischen Handwerk und Kunst. Das Kapitel „Kreativität“ handelt davon, wie Coaching mit System von den Prinzipien künstlerischer Lern- und Gestaltungskonzepte profitiert.
- *In welchen Zusammenhängen bewegt sich Coaching?* Die Komplexität und das Funktionieren der Systeme, in denen Coaching sich bewegt, wird anhand einer komplexen System-Metapher veranschaulicht. Die moderne Stadt ist ein aussagefähige Organisationsmodell, an dem sich aktuelle und zukünftige Entwicklungen sozialer Systeme aufzeigen lassen.
- *Wie werden Veränderungen erreicht?* Zukunftsfähiges Lernen ist in erster Linie Entfaltung von Kompetenzen, nicht Aneignung von Wissen. Man muß lernen, zu lernen und das geht nicht ohne Übung. Ein vierstufiges Modell von Coaching-Lernen hat sich bewährt, wenn Coaching nachhaltig beim Erreichen von Zielen helfen soll.
- *Welche Fähigkeiten braucht ein Coach?* Unter der leicht provokanten Überschrift „Gute Coaches – schlechte Coaches?“ wird die Frage nach der erforderlichen Coaching-Kompetenz erörtert. Kann das im Grunde jeder oder bedarf es hochspezialisierter Fähigkeiten? In jedem Fall hat der Coach zahlreiche Ambivalenzen zu meistern und sich in ihren Spannungsfeldern zu bewegen.
- *Wie kann Coaching Bildungs- und Ausbildungsprozesse nachhaltig fördern?* Am Beispiel einer Kooperation mit gestaltender Wissenschaft schildern wir, wie „der Blick für das Wesentliche“ Hochschullernen und Beratungspraxis verbinden kann. An einer Fach-

hochschule für Design wurde im Zusammenwirken von Kunst, Supervision und Coaching eine Form produkt- und arbeitsweltbezogenen Praxislernens entwickelt.

- *Wie kann ein nachhaltiges Coachingkonzept aussehen?* Coaching ist im Wesen eine professionelle Begegnung. In Teil II wird eine konkrete Coaching-Systematik vorgestellt, in deren Zentrum das Gegenüberwerden im Begegnungsraum steht. Die Übung von Interaktion im analogen Raum ergänzt die digitale Kommunikation und öffnet existentielle, direkte Erfahrungsräume. So entsteht kreatives Praxislernen. Am Modell „Systemhaus" wird die Komplexität systemischer Interventionen praktisch handhabbar.
- *In welchen Formen findet Coaching statt?* Die Eigenarten verschiedener Coaching-Settings – vom Leitungscoaching über Teamcoaching bis hin zur Coaching-Ausbildung – werden dargestellt. Wir erläutern, in welcher Praxissituation welches Setting indiziert ist und worauf bei der Kontraktierung zu achten ist.
- *Coaching mit System – wie sieht das praktisch aus?* In Teil III schildern wir zunächst beispielhaft in Form von Live-Berichten – Szenen und Settings aus verschiedenen Praxisbereichen, in denen analoge Übungen – teils geplant, teils situativ – angewendet wurden. Wir verschweigen nicht die Probleme, die manchmal bei der Einführung von Coaching auftauchen (→ Coaching und Banking) und zeigen, wie sie ausgeräumt werden können.
- *Welche Methoden haben sich bewährt?* Die danach folgenden kreativ-systemischen Coaching-Übungen haben wir praktisch vielfach erprobt. Alle sind durch ein „Entwicklerbad" gegangen und dabei modifiziert und variiert worden. Sie sind ein gesicherter Weg, systemische Bezüge zu durchschauen und sich soziale Kompetenzen anzueignen. Die Abrundung des Praxisteils bilden Arbeitspapiere und Hand-Outs, die für den Seminargebrauch zur Verfügung gestellt werden.
- *Was sollten Sie darüber hinaus noch wissen?* In einem kaleidoskopartig angelegten Coaching-Lesebuch – Teil IV – erläutern wir unser Verständnis von Begrifflichkeiten, die für Konzept und Kontext wichtig sind – vom kreativen Chaos über Kundenorientierung und

Nachhaltigkeit bis zu Selbstorganisation – in einem erweiterten Glossar.

Die Systematik dieses Buches versteht sich nicht linear, sondern zirkulär und dementsprechend finden sich an vielen Stellen Zeichen (→), die auf Zusammenhänge in Inhaltsverzeichnis und Lesebuch verweisen. Der Lesefreundlichkeit wegen verwenden wir meistens, jedoch nicht immer, die männliche Sprachform. Selbstverständlich möchten wir Sie als Leserin genauso ansprechen wie als Leser.

Dieses Buch ist ein Produkt kollektiver Kreativität. Als Autorenteam haben wir intensiv zusammengearbeitet und dabei von ungezählten Menschen gelernt. Besonders bedanken möchten wir uns an dieser Stelle bei *Ralph Böttcher* für den technischen Support, bei *Melanie Gajowski* für den Blick der Investmentbankerin, bei *Johanna Pohl* und *Steffi Pohl* für den ungetrübten gesunden Menschenverstand, bei *Kurt Richter* für die Mitentwicklung von Coaching-Konzepten, bei *Georges Wagner* für die Anregungen aus der interkulturellen Perspektive, bei *Ralph Zeiler* und *Andreas Watzek* für die grafische Umsetzung.

Ein spezieller Dank geht an *Carola Wedekind-Pohl* für die kontinuierliche organisatorische Begleitung und Unterstützung während des gesamten Projekts .

Teil I – Die Kunst des Coaching

Michael Pohl

1. Coachingsprachen

„Wir leben in einer Wegwerf-Gesellschaft, die auch ihre Worte verschleißt und verwirft. Zentrale Begriffe sind davon betroffen. Wir bedürfen des kreativen Recycling.“[1]

Diese Abnutzung von Wörtern und Begriffen hat längst auch das „Coaching“ erfaßt. Das verurteilt uns weder zur Sprachlosigkeit, noch dazu, den Begriff zu verwerfen. Es veranlaßt uns vielmehr, unsere Sprache zu reflektieren, verschiedene Sprachen zu kennen und zu nutzen. Es fordert uns auf, übersetzungsfähig zu sein. Die *Darstellungsweise* soll Neugierde, Emotionen – auch Irritation – wecken, viele Sinne ansprechen, Kommunikation auf vielen Ebenen anbieten, manchmal auch etwas erzählen, das differenzierter als ein Vortrag ist.

Normalerweise benutzen wir eine hochentwickelte Fachsprache, die durchaus sinnvoll ist, um komplexe Zusammenhänge reflektiert zu beschreiben. Es ist wichtig, sich zu Beginn bewußt zu machen, daß nicht jeder diese Sprache versteht. Deshalb haben wir uns vorgestellt, aus verschiedenen Perspektiven gefragt zu werden, was Coaching eigentlich ist. Beispielhaft versetzen wir uns zu Beginn zuerst in die Perspektive von Unbefangenen, sagen wir Heranwachsenden, und dann in eine sehr zweckorientierte Sichtweise, sagen wir von Betriebswirten.

1.1. Für Einsteiger – Was ist eigentlich Coaching?

Wir sind daran interessiert, daß unsere Arbeit, unser Denken und Sprechen sich nicht in einem kleinen, hochspezialisierten „Beratungskosmos" selbst einsperrt. Wir brauchen den Bezug zum alltäglichen Leben. Im Kontakt mit Freunden, Bekannten und Kolleginnen, die keine Beratungsprofis sind, stellen wir immer wieder fest, daß Begriffe wie Coaching oder Supervision nicht auf Anhieb verstanden werden.

Manchmal sind sie ein Buch mit sieben Siegeln, manchmal gibt es völlig falsche Vorstellungen. Ich mache also die Probe auf Exempel und stelle mich – froh darüber, daß es Sie überhaupt interessiert – den Fragen meiner Töchter Johanna (15) und Steffi (17).

Wenn Töchter fragen

Beide: „Was arbeitest du eigentlich genau?"

Ich: „Ich mache Coaching und Supervision. Ich schreibe auch ein Buch darüber."

Beide: „Cool. Kann ich eins haben, wenn es fertig ist?"

Ich: „Klar!" – Pause –

Steffi: „Michael? Was ist Coaching denn eigentlich genau?"

Johanna: „Und wozu kann man es gebrauchen?"

Ich: „Ähm...ich berate Leute, damit sie ihre Arbeit besser machen können und damit es ihnen besser geht mit ihrer Arbeit."

Steffi: „Inwiefern? Kannst du das nicht etwas genauer erklären?"

Ich: „Die meisten Leute machen ihre Arbeit gut. Trotzdem können sie oft Unterstützung gebrauchen. Z.B. wenn es sehr viel und sehr unübersichtlich wird oder wenn sie einen neuen Job beginnen. Außerdem passiert es oft, daß die Leute entweder an sich selbst zweifeln oder daß sie in schwierigen Situationen nicht wissen, was sie am besten machen. Manchmal sagen die Leute auch: ,Ich habe soviel zu tun, daß ich gar nicht weiß, wie ich das alles schaffen soll. Wenn ich nachhause komme erwartet mich in der Familie die zweite Schicht und ich muß die ganze Zeit an meine Arbeit denken – auch nachts. Auf die Dauer halte ich das nicht durch.'„

Steffi: „Gehen sie dann nicht zum Psychiater?"

Ich: „Ah, gut daß du das fragst. Viele Leute haben Bedenken, sich von einem Coach helfen zu lassen, weil sie befürchten, man hielte sie dann irgendwie für gestört. Dabei kann es jedem mal passieren, den Überblick zu verlieren. Und sich dann professionelle Hilfe zu holen, gerade wo heutzutage alles immer komplizierter wird, ist keine Schande – im Gegenteil."

Johanna: „Wieso im Gegenteil?"

Ich: „Weil ich denke, daß echte Profis auch ihre Schwachpunkte erkennen und daran arbeiten. Wer immer nur so tut als ob, der tritt auf der Stelle."

Johanna: „Kannst du mal ein Beispiel sagen, wann Leute Coaching brauchen?"

Ich: „Ja, oft ist die Zusammenarbeit ziemlich schwierig. Ich habe z.B. einmal mit einem Team gearbeitet, in dem manche Leute nicht mehr miteinander sprachen und sich noch nicht mal Guten Morgen sagten. Ihr könnt euch vielleicht vorstellen, daß sie es ziemlich schwer hatten, ihre Arbeit zusammen zu machen. Zum Teil können sie sich heute immer noch nicht ausstehen, aber sie reden wieder miteinander und die Arbeit läuft besser."

Steffi: „Ah ja, und wann braucht man Coaching noch?"

Ich: „Es gibt viele Chefs und Cheffinnen, die sich viel vornehmen. Manchmal kommen sie irgendwie nicht weiter und brauchen neue Impulse. Manchmal macht ihnen ihre Arbeit auch keinen Spaß mehr und sie müssen entscheiden, ob sie lieber etwas anderes machen wollen oder ob sie es noch einmal mit neuem Schwung anpacken. Teams oder ihre Vorgesetzten müssen auch immer öfter ihre Arbeit umstellen oder neue Aufgaben übernehmen. Die Kunden wollen jetzt etwas anderes oder sie wollen sich neue Ziele setzen weil sie selbst nicht mehr zufrieden sind."

Steffi: „Das Gefühl hab' ich bei meinen Lehrern auch manchmal..."

Ich: „Das kann gut sein. Lehrer können Coaching oft gut gebrauchen. Insgesamt geht es meistens darum, daß die Leute und die Teams neue Gedanken und Ideen brauchen. Sie arbeiten lange auf eine bestimmte Art und kommen oft einfach nicht darauf, daß es auch anders ginge. Da können sie dann gut jemanden von außen brauchen, der in so etwas geübt ist. Der sie versteht, der merkt, was los ist und der ihnen hilft, neue Wege zu gehen."

Johanna: „Ist ja eigentlich ganz gut. Aber ich könnte mir vorstellen, daß der sich dann voll cool vorkommt."

Steffi: „Ich glaube auch nicht, daß es jemanden gibt, der das alles kann."

Ich: „Das ist auch ganz wichtig. Ein Coach ist kein Guru, der alles besser weiß. Er gibt auch keine klugen Ratschläge. Er hilft Menschen dabei, klarer zu sehen, was sie in ihrer Arbeit wirklich wollen, wie sie ihre Ziele am besten erreichen können und was sie dazu brauchen. Machen müssen sie es selbst. Talent zum Coach hat übrigens fast jede/r. Allerdings muß man es lernen und wenn man es so gut machen will, daß es den Leuten wirklich was bringt, muß man sehr viel üben."

Johanna: „Wenn sich einer dann so cool vorkommt, fühlen sich die Leute doch nicht mehr so toll beraten oder?"

Ich: „Genau, ein Coach darf nicht überheblich sein. Insgesamt ist Coaching also dazu da, damit die Leute wieder ‚Guten Morgen' zueinander sagen, damit ihnen die Arbeit nicht über den Kopf wächst, damit sie ihre wirklichen Ziele erreichen und damit sie neue Schritte tun."

Johanna: „Cool, ich glaube ich habe es jetzt verstanden."

Steffi: „Cool, ich auch – so was Ähnliches wie Gruppenpsychologie also..."

Ich: „Na ja, die spielt auch eine Rolle, aber wenn du es ganz genau wissen willst, liest du am besten unser Buch..."

So ganz verständlich war es offenbar immer noch nicht, aber so antworte ich meinen Töchtern, wenn sie wissen wollen, was Coaching ist.

Unbefange Einsteiger fordern Allgemeinverständlichkeit

Diese – für Beratungsprofis eher ungewöhnliche – Übersetzung in die Alltagssprache ist natürlich nicht nur für Jugendliche notwendig. Unsere Fachsprache versteht nicht jeder. Auch nicht jeder Erwachsene. Wir sollten das auch nicht einfach voraussetzen.

1.2. Für Ökonomen – Coaching was bringt das?

Aus ganz anderer Perspektive, nämlich keineswegs unbefangen, sondern sehr ziel- und zweckorientiert wird die Betriebswirtin fragen: „Coaching – was bringt mir das?“. Hier eine mögliche Antwort in der Sprache rationaler Kosten-Nutzen-Abwägungen.

> *Coaching ist eine innovative Maßnahme der Personalentwicklung und ein Instrument zur Entwicklung der Lernfähigkeit des Unternehmens.*

Beide Faktoren sind ökonomisch überlebenswichtig, da besonders die deutsche Wirtschaft immer mehr in einem Qualitäts- als in einem Preiswettbewerb steht[2]. Marktführerschaft wird zukünftig immer mehr durch Innovationsbereitschaft und Lernfähigkeit erreicht. „Die Fähigkeit, schneller zu lernen als die Konkurrenz ist vielleicht der einzig wirklich dauerhafte Wettbewerbsvorteil.“[3]

Investitionen in das Humankapital werden daher immer wichtiger. Dabei spielen vor allem *zwei Qualifizierungsaspekte* eine Rolle.

- Die Förderung von Teamfähigkeit, Flexibilität und Kreativität der einzelnen Mitarbeiter *(individuelles Lernen)*
- die Sicherung der Anpassungsfähigkeit der betrieblichen „Humansysteme“ *(institutionelles Lernen).*

Menschen müssen immer öfter, immer besser und immer wirksamer zusammenarbeiten. Sie brauchen Kooperationsvermögen, soziale Kompetenz sowie die Fähigkeit und Bereitschaft zur konstruktiven und zielgerichteten Interaktion.

Daraus folgt der hohe Stellenwert von *Reflexion und Gestaltung der Arbeits-Beziehungen.* Teamfähigkeit und Kommunikationskompetenz spielen bei zunehmender Vernetzung eine immer größere Rolle. Teamarbeit steht hoch im Kurs, sie steht als Qualifikationsmerkmal „Teamfähigkeit“ in fast jeder Stellenausschreibung.

Nun wissen wir, daß Personalentwicklung, die den Menschen nur als Funktionsträger anspricht, zum Scheitern verurteilt ist, da Menschen niemals bereit sind, sich organisatorischen Zielen nahtlos unterzuordnen. Jeder Betrieb muß davon ausgehen, daß Mitarbeiter „vielmehr ein hohes Maß an Kreativität mobilisieren, um ihre Integrität als einmalige Menschen zu wahren.

Um dieses typische menschliche Potential nicht in Widerstandsformen zu verschleißen, sondern es lebendig zu erhalten und sogar konstruktiv zu nutzen, muß jede Personalarbeit neben dem Funktionsträger auch den Menschen im Berufstätigen anzusprechen suchen.“[4] Hier besteht in vielen Betrieben noch eine große Lücke zwischen Wunsch und Realität.

Die fehlende Verbindung – the missing link

Peter Senge identifiziert diese strategische Lücke schlicht aber treffend als „die fehlende Verbindung: Übung". Sowohl individuelles als auch Team-Lernen bedürfen regelmäßiger Übung. Das fast vollständige Fehlen von Übungsmöglichkeiten ist oft Ursache für Stagnation und daraus folgende entscheidende Wettbewerbsnachteile.

Eine weitere Lücke klafft zwischen zahllosen Einsichten und Verbesserungsvorschlägen, die nie in die Alltagspraxis umgesetzt werden. Der tiefere Grund, warum die besten Ideen scheitern, liegt im Festhalten an gewohnten Denk- und Handlungsweisen. Die Beteiligten denken in *„mentalen Modellen"* die nicht daraufhin überprüft werden, ob sie noch den veränderten Realitäten entsprechen. „Ob mentale Modelle zu Problemen führen, hängt nicht davon ab, ob sie richtig oder falsch sind – alle Modelle sind per definitionem Vereinfachungen. Problematisch wird es, wenn die mentalen Modelle im Verborgenen operieren."[5]

Es gibt *zwei wesentliche Settings* zum Ausbau von Interaktionskompetenz und kreativer Problemlösefähigkeit. Zum einen Dialogsitzungen mit bestimmten Regeln (Aufheben von Annahmen, Kollegialität, Forschergeist[6]), zum anderen die Schaffung simulativer Lernlabors, in denen effektivere Kommunikationsformen oder auch verbesserte Produkt- und Akquisitionsplanungen erreicht werden können[7].

Übungs-Settings wie Lernlabors dienen dem spielerischen Experimentieren[8] (→ Spiel als Systemlernen), der Reflexion problematischer Situationen, der Simulation zukünftiger „Ernstfälle" und der Überprüfung mentaler Modelle.

Zwei Varianten innovativer Lernlabors

- Computersimulationen, strategische Planspiele und EDV-gestützte Szenario-Techniken
- Lebendige, verkörperte Simulationen mit den anwesenden Menschen im Form von Inszenierungen und Re-Inszenierungen

Die kreativen Settings des Coaching mit System gehören zu letzteren. Sie haben gegenüber EDV-gestützten Lernlabors zwei Vorteile. Sie arbeiten sowohl mit Realitätssimulationen – in Form von Inszenierungen – als auch mit dialogfördernden Mitteln. Außerdem bewegen sie sich unter Einbeziehung aller Sinne auf der Ebene direkter zwischenmenschlicher Kommunikation. Damit fördern sie *praktische Sozialkompetenz* und wirken dem allgemeinen Verlust an direkter Kommunikationsfähigkeit entgegen.

Kreatives Coaching mit System ist also ein *effizientes Instrument*, die Lücke zwischen gesteckten Zielen und Alltagspraxis zu schließen. Es entwickelt die individuellen Potentiale im Zusammenhang mit den Erfordernissen von Team, Abteilung und Betrieb. Es verliert nie Selbstverantwortung und Initiative des Einzelnen aus dem Auge („Was können *Sie* tun, um die Situation zu verbessern?"), weiß aber auch, daß kaum noch etwas ohne Kooperation funktioniert.

Der heutige Mitarbeiter ist immer weniger dazu bereit, individuelle Lebensziele hinter betriebliche Belange zurückzustellen. Er bringt das Unternehmen am ehesten voran, wenn seine Ziele und Bedürfnisse mit denen der Firma „synchronisiert" werden können. Coaching mit System zieht daraus die Konsequenz, persönliche Eigenarten mit konstruktiver Interaktion und Systemzielen (Betriebszwecken) in Beziehung zu setzen.

Investitionen in Coaching-Maßnahmen zahlen sich aus, da sie der Steigerung von Prozeß- und Ergebnisqualität der Arbeit, der (→) Kundenorientierung und der Arbeitszufriedenheit dienen. Als spezielle – langfristig sogar kostenneutrale – Variante, bietet sich auch die Einführung von Methoden des (→) Kollegialen Coaching an.

Soweit also zwei mögliche Varianten, den Nutzen von Coaching aus unterschiedlichen Perspektiven zu erklären – einmal für Unbefangene, einmal für Effizienzorientierte. Diese Erklärungen schließen einander nicht aus, sie ergänzen sich vielmehr, indem sie verschiedene Ebenen ansprechen. Im Wesentlichen gleiche Sachverhalte werden nur anders formuliert oder anders akzentuiert. Die folgende Darstellung bewegt sich vorwiegend in der Terminologie professioneller Beratung.

1.3 Für Beratungsprofis – Coachingdefinitionen

Es gibt gut entwickelte Coaching-Theorien und Methodiken, auf die wir uns beziehen und an die wir anknüpfen[9], eine grundlegende finden wir bei *Astrid Schreyögg*. Wer an einem erweiterten Überblick interessiert ist, den verweisen wir gerne auf den systematisch vorzüglichen Vergleich aktueller innovativer Konzepte und ihrer Merkmale bei *Christopher Rauen*[10]. Wir beschränken uns an dieser Stelle auf die Darstellung einiger zentraler Aspekte.

Der Begriff Coaching kommt ursprünglich aus dem Leistungssport und bezeichnete zunächst die Zuständigkeit eines Coaches für Leistungstraining und „menschlich-mentale Verfassung seines Schützlings".

Coaching galt als gezieltes, berufsbezogenes Persönlichkeits- und Mentaltraining, das auch Talenttraining umfaßt. „Ein professioneller Coach erkennt genau die Stärken seines Schützlings und hält auch bei dessen scheinbaren Schwächen unbeirrbar an seinem Urteil über ihn fest, denn er glaubt an sein Talent, ja, er weiß, was in ihm steckt"[11].

Gutes Coaching erfüllt zwei wesentliche Erfordernisse: erstens das Training von Erfolgsstrategien und die Stabilisierung vorhandener Fähigkeiten und zweitens die gezielte Förderung der aktiven Persönlichkeit. Die Metapher vom „Luna-Learning"[12] weist darauf hin, daß wir vom Mond nur die Teile sehen, auf die die Sonne scheint und daß auch die anderen Teile ins rechte Licht zu rücken sind. Dabei gilt: Häufiges Vergegenwärtigen führt zu professioneller Bewußtheit der eigenen Stärken, Schwächen und Möglichkeiten.

Das Wesen des Coaching besteht nach *Tim Gallwey* (The Inner Game of Tennis) darin, das Potential eines Menschen zur Maximierung seiner eigenen Leistung freizusetzen. Es hilft ihm eher zu lernen als das es ihn etwas lehrt[13]. Es gilt auch als Maßnahme der Personalentwicklung, die sich perfekt auf den einzelnen zuschneiden läßt, sowie als Unterstützung für „Freud und Leid im Beruf"[14].

Als Hauptgegenstand von Coaching gilt traditionell die „Förderung beruflicher Selbstgestaltungspotentiale, also des Selbstmanagements von Führungskräften und Freiberuflern". Es geht um „‚einsame Leistungen', auf die der Coach seine Klienten vorbereiten soll"[15]. Andere

Autoren sehen in Coaching – als personenzentrierter Arbeit mit Führungskräften – „nichts anderes als eine Form der Kurzzeitsupervision“[16]

Coaching versteht sich als persönlicher Dialog zwischen dem Gecoachten und einem bewußtheitsfördernden Feedback-Partner, der Veränderungsprozesse durch verbesserte Selbstwahrnehmung auslöst[17]. Es dient dabei immer als Mittel zur Förderung von Bewußtsein und Verantwortung und baut zugleich auf dem Vorhandensein dieser zentralen Elemente beim Klienten auf.

Klassische Coaching-Konzepte beschränken sich bis auf wenige Ausnahmen[18] auf zwei Hauptakzentuierungen.

Die zwei Hauptakzente des klassischen Coaching

- Coaching ist vorrangig verbal und kognitiv orientiert
- Coaching bezieht sich meist auf professionelle Einzelakteure.

Dementsprechend sind die üblichen Vorgehens- und Arbeitsweisen vorwiegend bis ausschließlich gesprächsorientiert. Ausdrucksfördernde Methoden und kreativierende Medien werden zwar manchmal erwähnt, gelten dann jedoch als zusätzliche „eher unübliche methodische Maßnahmen“[19].

Eine Frage, die in Fachkreisen immer wieder gestellt wird, ist die nach dem Verhältnis von Coaching und Supervision. Den interessierten Laien und die KundInnen von Beratungsdienstleistungen dürfte diese Frage vermutlich weniger bewegen, solange sie gut beraten werden. Für alle Interessierten gibt es weiter unten (→ 2.3.) eine Positionsbestimmung zu diesem Thema.

2. Coaching mit System als konzeptionelle Weiterentwicklung

Die Besonderheit sozialer, d.h. menschlicher Systeme besteht in ihrer Fähigkeit zur Selbstreflexion, sowie der Fähigkeit, Symbole zu schaffen, diese aufzunehmen und zu interpretieren.[20]

Da „Coaching mit System“ sich vor allem als *Beziehungs- und Prozeßgestaltung* versteht, haben ausdrucks- und kreativitätsfördernde Mittel hier einen hohen Stellenwert. Dabei sind Anleihen bei Spiel, Kunst und Theater legitime und oft geradezu indizierte Maßnahmen. Weil Coaching zudem immer auf berufliche soziale *Systeme* trifft, reicht es nicht aus, nur die Einzelpersonen im Blick zu haben.

„Wenn in Organisationen Menschen vernetzt zusammenarbeiten, kann sich Coaching nicht nur auf den Umgang mit Individuen beziehen, sondern muß Zusammenarbeit, Teamentwicklung und Teamcoaching zum selbstverständlichen Bestandteil haben.“[21]

2.1. Coachingziele – Innovation mit Herz

Generelles Ziel von Coaching mit System ist die Veränderung von Deutungs- und Handlungsmustern in drei Kategorien:

Musterveränderung im Coaching

- Ablösung von Mustern (Was ist zu beenden?)
- Weiterentwicklung von Mustern (Was ist fortzusetzen?)
- Neuentwicklung von Mustern (was ist zu beginnen?)

Coaching zielt auch darauf ab, Schwächen von Individuen oder Gruppen ins Positive umzukehren. Es geht davon aus, daß dies wesentlich erfolgversprechender ist, als der Versuch, Schwachpunkte einfach zu eliminieren.

Im Mittelpunkt von Coaching steht die Art der Beziehung zwischen dem Coach und dem Gecoachten. Gegenüber Mittel und Stil der verwendeten Kommunikation sind sogenannte objektive Fakten zunächst zweitrangig. Oberstes Ziel dabei ist immer die Leistungsverbesserung[22].

Coaching mit System ist auch ein zeitgemäßes Mittel der Innovation von Management und Organisation. Während sich altes Management auf einer Skala zwischen „Sagen – Verkaufen – Diskutieren – Machen lassen“ bewegt, liegt Coaching „auf einer ganz anderen Ebene. Es verbindet die Vorteile beider Extreme, ohne zugleich deren Risiken zu besitzen.“[23]

Damit ist es sowohl Mittel als auch Wesen eines Wandels von Organisations- und Unternehmenskultur. Coaching ist – im Sinne von Effizienz *und* Humanität – sowohl auf die Steigerung beruflicher Qualifikationen als auf die Entfaltung menschlicher Potentiale im Beruf gerichtet[24].

Der Arbeit Herz und Seele zurückgeben

Die Humanisierung der Arbeit stellt in unserem Coaching-Verständnis eine unverzichtbare Zieldimension dar. Die meisten Menschen arbeiten gerne und ziehen sogar – entgegen landläufiger Vorurteile – im Zweifelsfall eine niedrig bezahlte Arbeit der staatlichen Unterstützung vor.

Arbeit gibt ihnen das Gefühl, gebraucht zu werden, Arbeit gibt Bestätigung und soziale Anerkennung, Arbeit gibt dem Leben Sinn. In unserer Gesellschaft hängt das Selbstwertgefühl des Einzelnen sehr eng mit der Arbeit zusammen, in aller Regel hängt es entscheidend von ihr ab. Das mag mancher bedauern, doch man muß es zur Kenntnis nehmen.

Bedauert wird dieser Zusammenhang oft, weil mit Arbeit Fremdbestimmung, Unfreiheit, Sinnleere und Reduzierung der Persönlichkeit verbunden werden. Dies trifft leider nicht selten zu, weil die Form in der wir arbeiten, nur allzu oft von hemmenden, destruktiven und letztlich ungesunden Einflüssen und Bedingungen geprägt ist. Provokant pointiert können wir daher mit *Sprenger* sagen: „Arbeit macht Spaß oder krank."

Wenn Arbeit und Sinn, Arbeit und Gesundheit, Arbeit und Persönlichkeitsentfaltung keine unüberbrückbaren Gegensätze sein sollen, dann muß Arbeit Spaß machen. Effektive, sinnvolle und verantwortliche Beratungsmethoden müssen sich daher nach unserem Verständnis auch daran messen lassen, ob sie dazu beitragen, der Arbeit „Herz und Seele zurückzugeben".

Psycho-Tricks zur kurzsichtigen Leistungssteigerung oder Motivationsmanipulation sind dabei tabu. Wir glauben, daß nachhaltige Produktivitätssteigerung, Produktverbesserung und Zielerreichung dann am besten erreicht werden, wenn es gelingt, sie in Einklang mit den individuellen Bedürfnissen nach Anerkennung, Sinn und Selbstverwirklichung zu bringen – wenn also die *Selbststeuerung in Humansystemen* gestärkt wird.

Wenn wir radikal auf Selbstwertgefühl und die Stärkung von Selbstverantwortlichkeit setzen, können wir eine Arbeitsethik mit Zukunft unterstützen. Kreatives Coaching mit System versteht sich als praktisch erprobte und humanwissenschaftlich fundierte Methodik zur Erreichung dieser Ziele.

Grundsätzlich gilt: Coaching mit System ist ein professionelles Begleitangebot für lernende Organisationen, für Veränderungsprozesse und für Menschen, die mit Menschen arbeiten, besonders wenn sie dies leitend oder beratend tun.

- Es ist psychisch entlastende Begleitung, indem es bei der Erreichung individueller und organisatorischer Ziele sowie bei der Reflexion eigener Beratungstätigkeit unterstützt.
- Es ist Kommunikationsberatung, Training und Selbstklärungshilfe für Person und System.
- Es identifiziert Erfolgsblockaden und fördert den menschlichen und beruflichen Erfolg.

2.2. Coaching-Funktionen

Wann ist Coaching indiziert? Was soll Coaching bewirken? Welche Funktionen nimmt es in Arbeitssystemen wahr?

2.2.1. Veränderungsbegleitung

In einer Zeit unvermeidlichen Wandels in fast allen Lebensbereichen ist eine Hauptfunktion von Coaching die Begleitung bei der Veränderung von professionellen Systemen. Bei der Anpassung an veränderte Kontextbedingungen, bei neuen Zielsetzungen, bei unumgänglichen Innovationen und bei neuen Anforderungen (→ „überrollt werden oder aktive Teilhabe?").

Unvermeidlich ist der Wandel oft im Sinne evolutionärer Anpassung. Organisationen, die stagnieren und versteinern werden früher oder später disfunktional. Wettbewerbsnachteile und Abkoppelung von der gesellschaftlichen Entwicklung sind die Folge.

Das Evolutionsprinzip „Survival of the fittest" wird oft als menschenverachtender Sozialdarwinismus mißverstanden, als „nur die Stärksten überleben". Tatsächlich bedeutet es das Überleben derer, die sich am besten an wechselnde Umweltbedingungen angepaßt haben. „Fit-Sein" heißt passend sein – und dies wiederum keineswegs nach dem Motto „One size fits all" (alle über einen Leisten schlagen) , sondern unter Berücksichtung aller nur denkbaren und vertretbaren Vielfalt.

2.2.2. Systempflege

Coaching hat eine Wartungs- und Pflegefunktion in Arbeitssystemen. Bei der Verbindung von Humanitäts- und Effizienzaspekten stehen Förderung und Erhalt von Sozial- und Systemkompetenz im Vordergrund.

Zur Systempflege gehört wesentlich das „Spiegeln" von Wahrnehmungen. Der Coach in seiner marginalen Rolle kann Interaktionen, Handlungsweisen und Routinen des Systems wahrnehmen, die der Betriebsblindheit zum Opfer gefallen sind. Beim Coaching von Leitungsrollen, die mit erheblicher Macht ausgestattet sind, wird manchmal das Bild vom (→) „Coach als Hofnarr“ verwendet.

Arbeitssysteme sind in ihrer eigenen Spiegelungsfähigkeit oft durch Faktoren wie Angst vor Gesichtsverlust, mangelnde Offenheit und kollektive Abwehrroutinen stark eingeschränkt. Führungskräften sind oft isoliert *(lonely at the top)*. Selbständige leiden oft an der „Freiberufler-Blindheit“. Bei beiden kommt es dadurch zu unrealistischen Selbstbildern.

Zur Systempflege gehört auch die Prävention. Regelmäßiges Coaching als Qualitätssicherung ist die Alternative zum Coaching als (→) Krisenintervention, wenn das Kind schon in den Brunnen gefallen ist.

Kränkelnde Systeme haben immer eine Wahlmöglichkeit

2.2.3. Hilfe und Heilung

Arbeitssysteme sind oft auf die eine oder andere Art beschädigt. Mobbing, Burn-Out oder auch der Begriff des Karrierekrüppels bezeichnen solche Schadensphänomene.

Coaching kann zu „sozialer Heilung“ beitragen, indem es dabei hilft, daß auch in beschädigten mikrosozialen Systemen – wie zerstrittenen Teams, gekränkten Arbeitsbeziehungen, angeschlagenen Organisationen – zusammenwachsen kann, was zusammengehört. Es fördert not-wendige Stabilisierungsprozesse, indem es angegriffenen („kränkelnden“) Arbeitssystemen ein gesunderes Funktionieren ermöglicht.

Ziel dabei ist immer die Stärkung und Wiederbelebung der Selbstentwicklungskräfte. Es gibt immer natürliche – also latent noch vorhandene – Ressourcen und Potentiale. Zwei Mißverständnissen ist dabei vorzubeugen:

- Es geht *nicht* um Therapie.
- Da es sich bei Arbeitssystemen um lebendige Organismen und nicht um technische Apparaturen handelt, lautet das Motto dennoch: *Heilen statt reparieren.*

2.2.4. Verbindungslernen

Coaching mit System kann verlorengegangene Verbindungen *(missing links)* wieder herstellen:

- die Verbindung von Individuum und Organisation,
- die Verbindung der verschiedenen Systemebenen „Binnen-, Sub-, Gesamt- und Kontextsystem“,
- die Verbindung von Leitbildern und Visionen zum Alltag
- die Verbindung von Vernunft und Intuition.
- die Verbindung von Theorie und Praxis.

Gerade durch das Ansprechen aller Sinne bzw. Intelligenzformen kann es als „soziokultureller Katalysator“ fungieren. Indem es „logisches Denken, sprachliches Geschick, Selbstreflexion, bildliche Vorstellungskraft, zwischenmenschliches Verständnis, musikalisches Empfinden, Bewegungsintelligenz und die Einsicht in naturgesetzliche Prinzipien“[25] verbindet, kann es Lernprozesse beschleunigen und vertiefen.

2.3. Coaching und Supervision

Für *Rauen* ist die Supervision „dem Coaching in vieler Hinsicht sehr ähnlich, z.B. in der Art der vorhandenen Settings; jedoch begrenzte sich die Zielgruppe in der Supervision ursprünglich auf erklärte Beziehungsarbeiter wie z.B. Trainer, Therapeuten, Sozialarbeiter“. Diese formale Beschränkung auf bestimmte Zielgruppen hat sich durch Weiterentwicklungsprozesse inzwischen aufgelöst und es gibt erkennbare Tendenzen dahin, „daß sich Supervision in der Wirtschaft als prozeßorientierte Beratungsform etabliert“[26].

In Übereinstimmung mit *Butzko, Doppler, Fatzer* und *Sievers* kann er „relativ wenig Unterschiede zu Coaching erkennen“ und sieht in der Praxis des Coaching oft eine Art Management-Supervision. Der These von *Rauen*, daß der Coach sich vom klassischen Supervisor durch wirtschaftliche Fachkenntnisse und Feldkompetenz unterscheide, können wir uns nicht anschließen, zumal er selbst in seiner vergleichenden Übersicht die entscheidende Rolle der gemeinsamen Meta-Kompetenzen beschreibt. Die Auffassung, daß der Coach Themen wie „Macht“ und „Hierarchie“ eher akzeptiere, während der Supervisor sie kritisiere, kann allenfalls auf ein längst überholtes Verständnis von Supervision zutreffen.

Zwei Seiten einer Medaille

Coaching ist – zumindest in unserem Verständnis von Coaching mit System – keine völlig eigenständige, klar abgrenzbare Beratungsform, „...weil Supervision als Handlungskonzept in den helfenden Berufen alles abdeckt, was auch im Coaching betrieben wird. Doch stoßen wir hier an sprachkulturelle Grenzen: Der Begriff Supervision ist im Kontext von Management und Unternehmung noch nicht anschlußfähig“[27].

„Supervision ist wie Coaching ursprünglich als breite beruflich orientierte Beratung von einzelnen oder Kleingruppen konzipiert. Im Fortlauf ihrer Entwicklung reduzierten sich die Intentionen aber auch immer deutlicher auf emotionsorientiertes Lernen....Die traditionelle Bedeutung des Begriffs 'Supervision' ist übrigens auch maßgeblich dafür, daß sich Supervision im Management bislang noch kaum etablieren konnte“[28]. Neuere Entwicklungen – beispielsweise die Gründung einer DGSv-Fachgruppe für Supervision in der Wirtschaft – zeigen, daß es oft eher um überlieferte sprachkulturelle Grenzziehungen als um substantielle Unterschiede geht.

Eine interessante Parallele besteht in diesem Zusammenhang darin, daß beide Begriffe im anglo-amerikanischen Sprachraum enger und ursprünglicher verwendet werden, als im deutschen. Supervision bezeichnet dort immer noch vorwiegend die kontrollierend-beratende Führungsfunktion von Vorgesetzten, während hierzulande ein breites Spektrum prozeßberaterischer Ansätze darunter verstanden wird. Coaching ist dort fast ausschließlich eine entwicklungsorientierte Vorgesetztentätigkeit gegenüber den Mitarbeitern, während sich bei uns ein bunter und kaum überschaubarer Strauß von Coaching-Formen entwickelt hat.

In den 90er Jahren hat sich im deutschsprachigen Raum ein Trend zum „Alles ist Coaching“ entwickelt. „Jede Art von Instruktion, Training, Gespräch Unterricht, Anleitung usw. wird als 'Coaching' bezeichnet; fast jede Unternehmensberatung hat diesen Service mit im Angebot“[29]. Diese Entwicklung beinhaltet die Problemtendenz, den Begriff Coaching auf eine anschlußfähige Vokabel zu reduzieren, die herkömmliche Anbieter als trojanisches Pferd benutzen, um sich neue Märkte zu erschließen.

Wenn der Begriff nicht zur Worthülse verkommen soll, muß er gefüllt und beschrieben werden. Hier stimmen wir mit *Rauen* überein: „Der Idee, das Coaching nicht definieren zu können, oder dies für nutzlos zu halten, möchte ich jedoch ausdrücklich *nicht* folgen. Betrachtet man die verschiedenen Varianten des Coaching genau, so lassen sich zahlreiche grundsätzlich übereinstimmende Merkmale feststellen, die m.E. genügen 'Trennschärfe zu anderen Verfahren aufweisen“[30].

Coaching und Supervision als Metakonzepte

Kritisch stehen wir der Auffassung von *Buer* gegenüber, der für das „Format Supervision", die Ausschließlichkeit „der konkreten Reflexion und Verbesserung beruflichen bzw. fachlichen Handelns im Umgang mit Menschen im Kontext des jeweiligen Arbeitsfelds und seiner Organisationen" reklamiert. Im Unterschied zu seiner Definition des „Formats Coaching" – „Der Coach erscheint so als Privatlehrer, Spezialtrainer, Einpauker für Spitzenkräfte"[31] – ist Coaching mit System für alle professionellen Settings geeignet, in denen es um die Verbindung von Prozeß- *und* Ergebnisorientierung mit Persönlichkeitsbezug geht.

Der Komplexität von Coaching wird u.E. eher *Petzold* gerecht, wenn er sich auf das Coaching-Urbild der Kutsche bezieht, das er zum „Wagen des Lebens" bzw. zur Metapher des „Lebensgefährts" erweitert: „Die Ressourcen im gegenwärtigen Kontext, die motivationalen Kräfte der Vergangenheit, die Zukunftsziele, vorhandene unterstützende Personen des persönlichen und professionellen Netzwerkes, werden dargestellt, so daß divergierende Motivationen, Ziele oder Mittel oder gar Konflikte in diesen Dimensionen erkennbar werden und im Coaching optimale Wege gefunden werden, Probleme zu lösen oder Ziele in effizienter Weise, unter bestmöglicher Nutzung von Ressourcen zu erreichen"[32].

Schreyögg definiert Coaching als „emotions- und problemorientierte Beratungsform" und bringt Gemeinsamkeiten und Unterschiede folgendermaßen auf den Punkt: „Bei Coaching wie bei modernen Formen der Supervision handelt es sich meistens um prozessuale Beratung. In beiden Arrangements geht es um die Auseinandersetzung mit der Person des zu Beratenden in seinem jeweiligen beruflichen Kontext.

Wo aber Supervision im allgemeinen auf die Förderung sozialer Kompetenzen zentriert bleibt, sucht Coaching auch fachliche Defizite im Sinne von konzeptionellen und sachlichen Managementkompetenzen zu ‚begradigen' oder ihre Erweiterung zu fördern."[33]

Die wendige Yacht und der Luxusliner

Wir sehen Coaching und Supervision als zwei Variationen eines Meta-Konzepts, deren unterschiedliche Ausprägungen sich durchaus charakterisieren lassen. In einem pragmatisch verkürzten Bild könnte das z.B. heißen: Coaching verhält sich zu Supervision wie eine wendige Yacht zu einem zwar komfortableren, aber etwas schwerfälligeren Luxusliner.

Welche Muster können weg, welche sind beizubehalten, welche sollen neu entwickelt werden?

Coaching und Supervision haben viele Überschneidungen, gehen aber auch Hand in Hand und gehören idealerweise zusammen. Sie sind zwei Sichtweisen auf den gleichen Prozeß, gemeinsam ist ihnen die Bearbeitung von Wahrnehmungs-, Denk-, Verhaltens- und Handlungsmustern.

Während Supervision – aus dem Lateinischen frei übersetzt – dazu dient, sich einen komplexen Überblick zu verschaffen, übernimmt Coaching die konsequente Arbeit an den so gefundenen Zielen. Gelungenes Coaching setzt idealerweise supervisorisch gewonnene Erkenntnis voraus bzw. baut auf ihr auf, wirksame Supervision mündet oft in Coaching-Prozesse oder integriert Coaching-Elemente. Umgekehrt kann sich in Coaching-Prozessen herausstellen, daß tiefergehende Reflexion erforderlich ist, um die kurzfristig erreichten Ziele langfristig zu stabilisieren.

In der Praxis überschneiden sie sich oft und daher werden die Begriffe oft unscharf und wenig prägnant gebraucht. Das ist aus unserer Sicht nicht unbedingt tragisch und dem Praktiker, Kunden oder Klienten meistens auch ziemlich egal. Oft ist es einfach eine Frage von Kultur und Sprachkonventionen des jeweiligen Praxisfeldes, welcher Zugang bevorzugt wird. Gerade wegen der gemeinsamen Schnittmenge und der Ähnlichkeiten halten wir es für wichtig, theoretische Klarheit zu haben, damit die Begriffe nicht beliebig werden.

Die hier vorgenommene Präzisierung ist demgemäß in erster Linie für BeraterInnen wichtig, um genauer zu wissen und zu reflektieren, wann sie was tun. Am Beispiel eines kreativen und produktorientierten Arbeitsprozesses (→ 7.4. Betreuungs-Schritte) lassen sich die Unterschiede prägnanter machen: die Arbeitsphasen, in denen das Thema gefunden, Material gesammelt und assoziativ erweitert wird, werden supervisorisch begleitet. In den Phasen der konkreten Gestaltung, des handwerklichen Ausfeilens und der Produkterstellung werden die daran Arbeitenden gecoacht.

Coaching und Supervision – Gemeinsamkeiten und Unterschiede

Gemeinsamkeiten:

- Reflexion und Veränderung von mentalen Modellen, von Wahrnehmungs- und Handlungsmustern.
- Anregung von Selbstorganisationsprozessen und Förderung von Selbstmanagement.
- Reflexion professioneller Szenen auf die eigenen Beteiligungen hin.
- Integration von Verfahren aus unterschiedlichen Bereichen.
- Leitlinien: Kontakt herstellen, Vertrauensbasis, Raum geben, die richtigen Fragen stellen.

Unterschiedliche Akzentuierungen:

	Coaching	*Supervision*
Zielrichtung	Förderung der Potentiale zur Erreichung von selbstgesteckten Zielen im institutionellen Zusammenhang	Reflektierende Klarlegungsarbeit (Person, Rolle und Praxisfeld) im professionellen Kontext
Charakter des Prozesses	grundsätzlich offene Prozesse sind ausgeschlossen	offener Reflexionsprozeß, weniger zielgerichtet, oft ist der Weg das Ziel
Lernaspekt	Lernen steht pragmatisch im Vordergrund	Lernen als ein Teil von Persönlichkeits- und Praxisentwicklung
Umgang mit Belastung	Abbau von subjektivem Erleben von Überforderung	Reflexion und Ursachensuche des Erlebens von Überforderung
Rolle des Beraters	Erklärungshelfer, Regenerationsmoderator, Lernstimulanz und Sparringspartner	Klärungshelfer, Begleiter, kritischer Förderer, perspektiverweiternder Reflexionspartner
Transfer	stärkere Transferkontrolle durch den Coach	größere Transferverantwortung des Supervisanden

2.4. Integratives Coaching

Die Bezeichnung „Coaching mit System“ hat drei Bedeutungsebenen:

- das Konzept baut auf systemischen Bezügen auf,
- die Coaching-Settings werden systematisiert (→) Basisreflexion und
- es geht um das Coachen von sozialen Systemen.

Auch beim (→) Einzelcoaching – das wir nicht in den Vordergrund stellen – spielen Systembezüge eine noch größere Rolle, als oft angenommen (inneres System, einwirkende Systeme, Kontexte). Die Variante (→) „Der Chef als Coach“ wird daher nur am Rande behandelt, wohl wissend, daß zeitgemäße Leitung zunehmend auf die Integration von Coaching-Elementen angewiesen sein wird.

Für wen?

Coaching mit System ist berufsfeldübergreifend anwendbar. Es ist nicht an bestimmte Sektoren (profit, non-profit, staatlich) gebunden und bezieht sich auf

- *Arbeitssysteme* (Teams, Organisationen, Beratungseinheiten) sowie auf
- Aus- und Weiterbildungssysteme.

Die Zielgruppen von Coaching mit System sind

- *Einzelpersonen in verantwortungsvollen Positionen*, wie z.B. Führungskräfte, Trainer, Ausbilderinnen und Lehrerinnen, hochqualifizierte Kundenberaterinnen und Verkaufsmitarbeiter, Diakone, Ärzte, Pfarrer und Beratungsfachkräfte jeder Art.
- *Organisatorische Subsysteme*, wie Abteilungen, Projekte, Stabsstellen, Entscheidungsgremien, Ausbildungs- und Lerngruppen sowie insbesondere Teams mit anspruchsvollen Aufgaben oder auch selbstorganisierte Erfolgsteams.

Für wen nicht?

Von Coaching werden manchmal schnelle Lösungen erwartet, TeilnehmerInnen oder Vorgesetzte wünschen sich Techniken oder „Tricks" um schnell erfolgreich zu sein. So verständlich und berechtigt diese Wünsche sind – Veränderungen in sozialen Systemen brauchen ihre Zeit. Eingefahrene Muster und defensive Routinen lasen sich nicht von heute auf morgen ändern. Deshalb ist Coaching als Training und wiederholte Übung zu verstehen. Coaching ist ein Prozeß.

Wir vertreten die Ansicht, daß Coaching im eigentlichen Sinne nur in einer hierarchiefreien und freiwilligen Arbeitsbeziehung möglich ist. Außerdem geht es immer um vom Klienten selbst gewollte und gewählte Entwicklungen und Ziele. Dies schließt Aufträge wie: „Coachen Sie mir mal das Team (bringen Sie die Leute auf Vordermann)" ebenso aus, wie das Ansinnen der Motivierung („Motipulation") oder des „verdeckten Coaching".

Wer also an reinen Systemreparaturen, an der Beseitigung von „Schwachstellen" und (→) Störungen in seiner Organisation bzw. bei seinen Mitarbeitern interessiert ist, wird bei uns nicht finden, was er sucht. Kreatives Coaching mit System ist stets auch Coaching mit Herz. Es versteht Schwächen als Ressourcen und sucht immer nach dem Weg, das in ihnen verborgene Potential sichtbar und nutzbar gemacht werden kann.

Unser Coaching-Verständnis ist weitgefaßt und integrativ in mehrerer Hinsicht. Es bezieht die vier Ebenen professionellen Handelns ein (→ Systemhaus).

> *Coaching mit System zielt immer auf das bessere Funktionieren von sozialen Systemen ab, läßt aber nie die Frage nach der menschlichen Qualität dieses Funktionierens außer acht.*

Es berücksichtigt essentiell die Verbindung von Effizienz und Humanität und ist als bloße Reparaturveranstaltung ungeeignet. Dabei stellen wir vier Aspekte in den Vordergrund:

- *Gestaltung* – Coaching als bewußte Einwirkung auf Arbeitsbeziehungen und die Systeme, in denen sie stattfinden. Diese Gestaltung erfordert handwerkliches Können bis hin zur Millimeterarbeit. Sie wird zur (→) Kunst, wenn dabei etwas mit Sinn und Schönheit entsteht.
- *Raum* – Coaching als bewußter Umgang mit Beziehungsräumen, mit manifesten baulichen (→ Beratungs-Architektur) und organisatorischen Räumen, als Nutzung und Erweiterung von Spiel- und Handlungsräumen.
- *Verbindung* – Coaching als Herstellung von Bezügen zwischen gegensätzlichen oder bislang unverbundenen Elementen, Erlebnis-Polen und Handlungsbereichen (→ Polaritäten). Es verbindet Effizienz und Humanität, Spezial- und Allgemeinbildung, analoges und digitales Denken.
- *Verlebendigung* – Coaching als Beitrag zur Verflüssigung eingetrockneter Routinen und Strukturen, zur Wiederentdeckung von Lebendigkeit.

Mit allen Sinnen

Der Dialog als zwischenmenschliche Begegnung und Auseinandersetzung ist das Herzstück im Coaching. Die Charakteristik des Ansatzes „Coaching mit System" besteht darin, *zusätzlich* kreativ-analoge Arbeitsweisen konsequent einzubeziehen und den Schwerpunkt – auch bei Einzelpersonen – auf systemorientiertes Coaching zu legen. Hierbei geht es darum, Szenen aus der beruflichen Praxis zunächst analog zu verstehen und sie erst dann digital-reflektorisch zu bearbeiten.

- Die *analoge Orientierung* bedeutet keineswegs, sprachlich-diskursives und rein dialogorientiertes Vorgehen abzulehnen oder abzuwerten (→ Diskurs) .
- Die *systemische Orientierung* bedeutet nicht, die Handlungsspielräume der jeweils beteiligten AkteurInnen aus dem Auge zu verlieren.

Neben der Einübung des konstruktiven Dialogs und dem Experimentieren in virtuellen Lernlabors sehen wir eine dritte, sehr wirksame

Möglichkeit sozialen Lernens – die Interaktion im analogen Feld. „Die Einheit für Veränderung ist Interaktion“ *(Gregory Bateson).*

Zu den Medien, also Vermittlungsmethoden, die bei Gruppen- und Kommunikationsprozessen sehr förderlich sein können, zählen vor allem Handlungsmedien, insbesondere die symbolische Interaktion (analog Bewegendes, Rollenspiel, (→ Skulpturierung) und das personale Medium (Modellverhalten, Beziehungsstil, Interventionsstil).

Der große Vorteil dieses Ansatzes gegenüber reiner Visualisierung (Flipchart, Overhead, Power Point etc.) liegt in der Aktivierung der Teilnehmer und der Entwicklung szenischer Rekonstruktion und Analyse.

Die Einbeziehung analoger Methoden verbindet die Transformation von reaktiver in kreative Haltung mit nachhaltigem learning-by-doing. In ihnen erkennt man individuelle Richtungen, Handlungslinien, Initiativen, Herangehensweisen, gewählte Wege, eigene und fremde Aktionen und Re-Aktionen, kurz: praxisrelevante Handlungsmuster.

Die Nutzung von (→) Spiel als System-Lernen ist nie Spielerei um ihrer selbst willen. Es geht um professionelle Integration und Verbindung. Es geht darum, bei der Gestaltung von Arbeitsbeziehungen „seine fünf Sinne beisammen“ zu haben. „Die Erkenntnis, die nicht durch die Sinne gegangen ist, kann keine Wahrheit erzeugen als eine schädliche“ (*Leonardo da Vinci*).

3. Coaching und Kreativität

Soziale Prozesse, Lernprozesse, Entwicklungsprozesse werden unzulässig reduziert, wenn man sie nur unter funktionalen Gesichtspunkten betrachtet. Auch Führung und Management werden zunehmend als Gestaltung von Beziehungen und Prozessen begriffen[34].

> *Wenn ein soziales System funktionieren soll, ist nicht nur das Ergebnis – das „Was" – von Interesse, sondern auch die Qualität des Prozesses – das „Wie".*

Gelungene Kooperation, flüssige Kommunikation, das Zusammenspiel unterschiedlicher Teile eines Teams, eines Projekts, eines Orchesters, einer Mannschaft, das professionelle Niveau einer Performance – all das wird als angenehm empfunden und fördert nicht zuletzt Leistungsbereitschaft und Motivation.

3.1. Coaching zwischen Handwerk und Kunst

Kreatives Coaching kann als Kunst verstanden werden, da es an der Gestaltung von Beziehung, Interaktion und sozialem Raum arbeitet. Coaching trägt bei zur Schaffung von Neuem, zur Begleitung von Wachstum, zur Produktion praktischer Konzepte und zur Gestaltung von Systemen. Insofern ist Coaching kreativ und seine Vorgehensweisen haben Parallelen zu künstlerischen Prozessen (→ künstlerisches Lernen), (→ der Blick für das Wesentliche).

Viele Begriffe sind durch inflationären und unreflektierten Gebrauch banalisiert worden. Dieser Begriffsverschleiß gilt gleichermaßen für *Coaching* (→ Coachingsprachen), wie für die Worte *Design*, *Kunst* und (→ *Nachhaltigkeit*). Was sollen wir angesichts dessen tun?

Wir halten nichts davon, die Worte einfach wegzuwerfen. Wir bevorzugen kreatives Recycling. *„Wir retten uns nicht durch immer neue Worte, sondern nur dadurch, daß wir semantisch genauer sind.“*[35]

Was ist Kunst?

Jahrhundertelang gab es keine Künstler, nur Handwerker. *Roland Günter* legt in seiner grundlegenden Arbeit „Was ist Gestaltung?“ dar, wie im 15. Jahrhundert in Florenz der Begriff des Künstlers entstand: Die Handwerker, z.B. Maler, hatten ihre Fähigkeiten fulminant entwickelt und fühlten sich schließlich ihren Auftraggebern überlegen. Um sich im Ansehen mit den Intellektuellen gleichzusetzen, nannten sie sich Künstler.

Eine Statusanhebung, die bis heute umstritten ist, denn sie führte dazu, die sogenannte freie Kunst zu überhöhen (Superioritäts-Behauptung) und die „angewandte Kunst“ abzuqualifizieren.

Was nun nennen wir sinnvollerweise Kunst, wenn wir von der „Kunst des Coaching“ sprechen? Wir folgen *Roland Günter*, wenn er den Begriff der Dispositions-Kultur ins Zentrum rückt. „Der Gestalter überlegt weit mehr als zuvor, wie sich die einzelnen Elemente zueinander verhalten. Er denkt über Beziehungen nach. Und er schafft Beziehungen, die nun nicht mehr einfacher Art sind, sondern raffiniert sein können.“[36]

Genau diese interaktive, systemische Perspektive liegt der Arbeitsweise kreativen Coachings zugrunde. Die qualitätsvolle Gestaltung von Arbeitsbeziehungen benötigt in ähnlicher Weise „Disposition“, wie bildende Kunst in Malerei und Architektur.

Eine weitere Standortbestimmung markiert die Kunst des Coaching: „Wissenschaft ist der Bereich der Analyse. Kunst ist der Bereich der Synthese.“ Bei der Inszenierung von Erfahrungsräumen in den (→ analogen Übungen) verbindet sich digitale Aufgliederung mit analoger Zusammensetzung. Es geht nicht um Statusanhebung, es geht um Qualität.

Es darf nie vergessen werden, daß Handwerk die Basis ist, deshalb sprechen wir im Coaching-Training immer wieder von der unabdingbaren Millimeter-Arbeit, getreu dem Motto: „Übrigens: auf Originalität würde ich verzichten. Gut muß es sein.“[37]

Coaching und Design

Wenn es um die Verbindung von Funktionalität – im Sinne betrieblicher Effizienz – mit Ästhetik – im Sinne angenehmer und anregender Arbeitsatmosphäre – geht, lassen sich sinnfällige Parallelen zur gestalterischen Disziplin des Design erkennen (→ Live-Berichte). Wie Design bewegt sich Coaching zwischen Handwerk und Kunst, zwischen unmittelbarem Nutzen und Nachhaltigkeitsanspruch.

Design gestaltet heute nicht mehr nur einzelne Produkte, sondern das Erscheinungsbild ganzer Unternehmen vom Briefbogen bis zum Firmengebäude, von der Einkaufstüte bis zum Werbespot: die sogenannte Corporate Identity. Wir arbeiten im Coaching mit System beispielsweise mit der Methode „Organisationswappen“. Design befaßt sich mit allen Bereichen der Kommunikation, auch mit der Gestaltung von Umgangs- und Interaktionsformen.

Die Gestaltung von Objekten ist ursprünglich nur auf Nützlichkeit gerichtet. Das „Prinzip, daß der Zweck zur Gestalt führt,...ist die früheste, erste und wichtigste Sinn-Ebene aller Gestalten, die uns umgeben. Es folgt der Struktur des menschlichen Körpers und wird von uns auf alles um uns herum übertragen.“[38]

Die Dimension der Nützlichkeit ist unabdingbar. Eine Reduzierung auf das Prinzip „Form follows Function“ greift allerdings sowohl im Design als auch im Coaching zu kurz. Ornament ist eben keineswegs ein „Verbrechen“ *(Adolf Loos)*, also vermeidbare Ressourcenverschwendung. Für die Sinne, für den ganzen Menschen, gehören schöne Elemente immer auch dazu.

Auch soziale Systeme verlangen nach Schmuck und Ornament, die Gegenstände werden dadurch zu Symbolen. Nach *Roland Günter* haben Ornamente fünf Funktionsebenen:

- sie erhöhen die *Bedeutung* von Gegenständen und Menschen,
- sie können den Inhaber bzw. Träger angenehm machen, indem sie ihn durch *Schönheit* schmücken (→Ästhetik),
- sie können das *Selbstgefühl* von Individuum und System heben,
- sie können „folgenlose *Meditation*" im Sinne von Walter Benjamin sein und
- sie können der *Unterhaltung* dienen.

Gestaltung schafft soziale Symbole

Gestaltete Objekte haben also immer symbolischen „Zeichencharakter". „Denn ein Stuhl ist eben mehr als nur ein Stuhl, er kann rein funktional als Sitzgelegenheit dienen, aber darüber hinaus auch eine deutliche und von allen verstandene Sprache sprechen. Er kann als Chefsessel sozialen Status dokumentieren oder als Kunstobjekt die Persönlichkeit seines Besitzers widerspiegeln."[39]

Im Unterschied zur gegenständlichen Gestaltung – vom Handwerker bis zum Architekten – gibt es in sozialen Systemen nie den einzelnen Gestalter. Er trifft immer auf Mit-GestalterInnen und auf die beeinflussenden Wirkungen des System-Kontextes. Die Gestaltungsimpulse treffen aufeinander – sie begegnen sich im sozialen Raum – und treten zueinander in Beziehung. Sie können sich durchkreuzen, gegenseitig verstärken, ergänzen.

Etwas Neues, ganz Unerwartetes kann das Ergebnis des Interaktionsprozesses sein.

3.2. Coaching und die Gestaltung sozialer Wirklichkeiten

Coaching ist soziale Einflußnahme in Arbeitssystemen. Bei der Gestaltung sozialer Wirklichkeiten – sozialer Räume, Prozesse und Beziehungen – geht es immer auch um die Polarität von Gestalten und Wachsen-Lassen.

Lebende Systeme verfügen über Selbstorganisationsfähigkeit. Unbelebte Gegenstände können sich von selbst nur in Richtung Verfall,

Erosion oder Versteinerung bewegen. Belebte, besonders soziale Systeme verfügen über eigengesetzliche bis chaotische Selbstentwicklungsformen (→kreatives Chaos).

Wenn Coaching gestaltet, dann nicht im Sinne des Handwerkers, der das leblose Objekt nach seinem Willen formt, sondern im Sinne des Akteurs, der seinerseits vielen Einflüssen ausgesetzt ist. Der Coach weiß, daß er das System nicht formen kann. Er kann den Prozeß formen und auch das nicht allein.

Gestaltung ist hier immer ein „soziales Produkt", das im Zusammenwirken entsteht. Der Coach kann dabei Einfluß nehmen auf die Art der Beziehungsgestaltung, auf Kommunikationsformen (erweitern) und Wahrnehmungsformen (schärfen).

Das Produkt lebt

Das Produkt im Coaching ist nicht statisch und der Coach hat, wenn überhaupt, nur eine sehr begrenzte Kontrolle darüber. *Das Produkt des Coachingprozesses lebt oder es existiert nicht.*

Das sind wesentliche Unterschiede zu beispielsweise der Gestaltung eines Stuhls oder eines Gebäudes. Die Unterschiede werden geringer und scheinen tendenziell zu verschwinden, wenn der Designbegriff sich wandelt und erweitert, beispielsweise auf das Design von Prozessen. *Tendenziell wird die Kontrolle des Gestalters über das Produkt immer geringer, sie „sozialisiert" sich.*

Für Coaching als nachhaltige Beratung gilt ähnlich wie in der Kunst, daß man zwar ohne Feeling, Intuition und den „Moment der Gnade des Einfalls" nicht auskommt, daß es aber auch Produktionskriterien gibt, die lehrbar sind (→künstlerisches Lernen, →gestaltende Wissenschaft).

Auch die Kontextbedingungen spielen eine große Rolle. Ein kreatives Umfeld, entspannte Atmosphäre, Aktivierung, neue Anregungen und Eindrücke sowie ungehinderte Kommunikationsfähigkeit sind günstig. Förderliches läßt sich verstärken, Blockaden lassen sich erkennen und auflösen. „Während Allgemeinwissen die Assoziationsmöglichkeiten fördert, schränkt Erfahrung das kreative Denken ein."[40]

Damit ist nichts gegen den grundsätzlichen Wert der Erfahrung gesagt, sie muß im kreativen Prozeß – im Sinne der Relativierung (→) mentaler Modelle – nur zeitweilig in den Hintergrund treten.

Die Phasen des kreativen Prozesses

Kreativität entzieht sich keineswegs der bewußten Einwirkung. Im Gegenteil: Kreativität kann bis zu einem gewissen Maß analysiert, gelernt und gefördert werden. Bezogen auf innovative Teamarbeit wird das bei *Pohl/Witt* beschrieben. Jeder kreative Prozeß gliedert sich nach dem *Walls-Modell* in vier Phasen: *Vorbereitung* (preparation), *Inkubation* (incubation), *Eingebung* (illumination) und *Verifikation* (verification).

1. In der *Vorbereitungsphase* wird durch den Erwerb von Wissen und Fähigkeiten die Basis für die weiteren Schritte und schließlich für die Ausführung des Werkes, die Erstellung des Produktes gelegt. Diese Phase kann Jahre oder auch nur eine Stunde dauern, ohne sie entsteht kein Werk. In kreativen Coachingprozessen basiert diese Phase auf zwei Elementen: auf der bisherigen Lebens- und Berufserfahrung der Beteiligten und auf bewußt inszenierten Einlassungs- und Joining-Sequenzen.

2. Während der *Inkubationsphase* gären und reifen die vorhandenen Informationen und Eindrücke, sie beschäftigen das Unbewußte und sickern gewissermaßen nach und nach ins Bewußtsein. Auch hier gibt es keinen festlegbaren Zeitraum, er hängt von konkreten Gegebenheiten und von Art und Umfang des Vorhabens ab. Dieser Phase wird kreatives Coaching gerecht, indem es neuen Einsichten und Musterveränderung den angemessenen Zeit-Raum gibt. Coaching mit System übt *produktive Geduld.*

3. Die *Eingebungsphase* ist die, die oft vordergründig mit schöpferischen Fähigkeiten assoziiert wird und der die Kreativität ihren manchmal überhöhten Nimbus verdankt. Im Stadium der Illumination entstehen scheinbar schlagartig die Geistesblitze, Erkenntnismomente, Visionen oder einfach die guten Ideen. Hier finden im kreativen Coachingprozeß die großen und vor allem die kleinen „Aha-Erlebnisse" statt. Ein blinder Fleck wird sichtbar, eine bislang

unbekannte Verbindung wird hergestellt, neue Perspektiven entstehen.

4. Unterbewertet wird oft auch die alles entscheidende Bedeutung der *Verifikationsphase*. Ohne Umsetzung, die meist mit Mühen und Anstrengungen verbunden ist, entsteht kein Werk. Salopp ausgedrückt: Inspiration ist nicht viel wert ohne Transpiration. Im Coachingprozeß ist dies der Praxistransfer. Hier liegt eine spezifische Akzentuierung gegenüber der (→) Supervision – Coaching geht zielgerichteter vor. Es fokussiert und forciert konsequent die praktische Umsetzung *(„Wann wollen sie es tun? Warum nicht sofort?“)*.

Die kreative Haltung

Kreativität als schöpferische Akt lebt von der Kombination zweier Wege der Problemlösung. Die kreative Haltung erfordert sowohl

- *divergentes Denken*, also das Inbetrachtziehen einer breiten Palette von Möglichkeiten als auch
- *konvergentes Denken*, also die Annahme, es gäbe nur eine richtige Antwort.

Der erste Denkstil befähigt zur Hervorbringung neuer Ideen, der zweite dazu, sich auf die besten von ihnen zu konzentrieren.

Verbildlichungs-Methoden im weiteren Sinne, also auch (→) Körper-Bilder, Interaktions-Bilder und Erlebnis-Bilder setzen das schöpferische „Denken“ bei der Gestaltung von Arbeitsbeziehungen und Organisationen um. Sie sind ebenso notwendige wie wirksame Ebenen kreativen Praxislernens.

Symbolische Interaktion bringt Farbe ins System

Ein populäres und nachhaltiges Gestaltungskonzept

Angewandte Kunst beinhaltet die Integration verschiedener Formen. Ein herausragendes Beispiel für die Integration von Sprache, Musik, Präsentation und Botschaft ist *Bob Dylan*. Er gilt als „die wichtigste Figur im Bereich des populären Liedes“[41]. Sein Einfluß auf die Kultur der englischsprachigen Welt – und damit mittelbar auch auf unsere Alltagskultur – läßt sich „zumindest in Bezug auf die Bereicherung der Sprache nur mit Shakespeare und der Bibel vergleichen“.

Schön und gut – aber was interessiert das den Coach? Kreatives Coaching kann unter vier Gesichtspunkten von der künstlerischen Gestaltungskonzeption Bob Dylans profitieren.

- *Die integrative Arbeitsweise.* Dylan arbeitete stets nach dem Prinzip „Der Coach stiehlt wo er kann", indem er sich immer hemmungslos von allen möglichen musikalischen, literarischen und soziokulturellen Quellen beeinflussen ließ. Er sog sie wie ein Schwamm in sich auf und machte daraus etwas sehr Eigenes, das schließlich stilbildend wurde und seinerseits wieder Generationen von Künstlern beeinflußte.
- *Veränderungsbereitschaft und Präsenz.* Wenn seine künstlerischen Mittel verbraucht waren, hat sich Dylan 35 Jahre lang nie gescheut, Stilwechsel vorzunehmen und Neues zu kreieren, auch auf die Gefahr hin, sein Publikum zu verstören.[42] Entscheidend war, sich selbst treu zu bleiben. Für den Coach ist es eine wichtige Orientierung, authentisch zu bleiben. Am besten gelingt das durch hohe Bewußtheit und Präsenz. Dylans hoch entwickelte Fähigkeit, *„voll da zu sein und gleichzeitig neben sich zu stehen"*, ist eine künstlerische Form der Anforderung an den Coach, die Ambivalenz von Empathic und professioneller Distanz zu verkörpern.
- *Die Verbindung analoger und digitaler Elemente zu einem lebendigen Gesamtkunstwerk.* Die besondere Qualität dieser Kunst liegt in der „Einheit von Sound und Wort". Sie kommt dadurch zustande, daß die Ebenen „Text, Melodie, Rhythmus, Metrum, Vortrag, instrumentale Begleitung und Akzentuierung, Klangfarbe, Lautstärke und gegebenfalls (beim Konzert) Mimik und Gestik" situativ zusammenwirken. Dementsprechend wird jedes Werk bei jeder Aufführung neu erschaffen. *Playback ist ebenso undenkbar wie beim „Coaching mit System".* Eine wirklich gelungene Coaching-Sequenz ist nicht mit methodischen Schablonen zu erreichen. Sie hängt unter anderem von der Einmaligkeit des Augenblicks und der beteiligten Akteure ab und ist in dieser Form nicht reproduzierbar.
- *Der Brückenschlag zwischen Qualität und allgemeiner Zugänglichkeit.* „Bob Dylan befreite den öffentlichen Geschmack. Er hat mehr getan als jeder andere...um in einem Massenpublikum eine gewisse Aufnahmebereitschaft für Geistreiches und Nicht-Triviales zu wek-

ken, wo dererlei bislang alleiniges Vorrecht elitärer Minderheiten gewesen war." Wir übersetzen das so, daß gutes Coaching sehr anspruchsvoll und gleichzeitig allgemein zugänglich sein kann. Nachhaltige Beratung kann soziokulturell bildend wirken, indem sie Menschen Zugang zu Bereichen verschafft, die ihnen bislang verschlossen waren.

Kreativitätsblockaden

Kreative Haltung beinhaltet immer die Bereitschaft, ausgetretenene Wege zu verlassen. Kreativität kommt nicht aus heiterem Himmel und ist keineswegs Genies vorbehalten, sie kann und muss geübt werden. Allerdings gibt es auch viele Wege, ihre Entfaltung zu behindern, schlimmstenfalls zu verhindern.

Zinker und *Nevis* identifizieren vierzehn Möglichkeiten, Kreativität in sozialen Systemen und bei Individuen zu blockieren[43]. Für Coachingprozesse sind u.E. sieben davon besonders bedeutsam:

- *Die Angst vor Mißerfolg* ist wahrscheinlich eine der Hauptblockaden. „Es darf nicht schiefgehen." „Mach keinen Fehler!" „Sei kein Versager!" Diese Botschaften aus dem Reich des Perfektionismus sind bestens geeignet, kreative Interaktion im Ansatz zu unterbinden. Der Coach der nach dem Motto: „Geh lieber auf Nummer sicher" handelt, wird garantiert im Sitzen und Reden steckenbleiben.
- *Das Vermeiden von Frustration* ist verständlich, verführt aber schnell zum Verharren in gewohnten Bahnen. Neue Wege im Coaching sind auch von Hindernissen, Mühen und Unannehmlichkeiten begleitet und Sie werden nicht immer wie gewünscht „funktionieren". Wer diese Risken scheut wird ... siehe oben.
- *Der Angst vor dem Unbekannten* liegt das Bedürfnis zugrunde, „die Zukunft zu kennen, bevor man weitergeht". Systeme und Individuen, die nur arbeitsfähig sind, wenn sie ein klares eindeutiges Ziel vor Augen haben, können nicht experimentieren. Der Coach, der die „gemeinsame Suchbewegung" nicht wertschätzt und statt dessen nur auf festgelegte Ergebnisse zusteuert, unterstützt die Scheuklappen des Klientensystems.

- *Das Bedürfnis nach Ausgewogenheit* ist nach *Hermann Hesse* ein „stets vorhandener Zustand des Menschlichen". Als „das Bürgerliche" ist es für die Systemstabilität letztlich unverzichtbar. Problematisch und blockierend wird es erst als Unfähigkeit, auch Unordnung, Verwirrung oder Ambiguität zu tolerieren. Die Abneigung gegen Komplexität, ein übersteigertes Bedürfnis nach Ordnung und Symmetrie ersticken Energie und positive Störpotentiale, die oft in „einseitigen" Interventionen stecken.
- *Die Abneigung dagegen,von seinem Einfluß Gebrauch zu machen,* führt zu mangelndem Durchsetzungsvermögen. Selbstlähmung und Verlust der Gestaltungskraft sind die Folge. Kreatives Coaching kann nicht nur sanft und akzeptierend sein. Die Beteiligten des Coachingprozesses müssen zu ihrem Einfluß – wie auch zu ihrer Verantwortung – stehen. Tun sie das nicht, untergraben sie ihre Wirksamkeit.
- *Der Widerstand dagegen, die Dinge ihren Lauf nehmen zu lassen,* führt dazu, die (→) Inkubationsphase nicht abzuwarten. Wenn Probleme vorschnell gelöst werden oder gar beseitigt werden sollen, besteht die Gefahr des Überrollens. Gestaltungspotentiale werden nicht ausgeschöpft, wenn Willenskraft und Entschlosenheit nicht mit Vertrauen in die Entwicklungsfähigkeit verbunden sind. *„Der Prozeß ist mein Partner".*
- *Das Widerstreben zu spielen* führt zu unnötiger „Ver-Ernstung". Die oft tief verwurzelte Überzeugung, spielerische Herangehensweise sei unseriös und nicht professionell, blockiert lebendige Energien. Wer betont, daß Arbeit auch Spaß machen muß, läuft immer noch Gefahr für kindisch, also „nicht erwachsen" gehalten zu werden.

Kreatives Coaching nutzt das spielerische Element in zweifacher Weise:

- zur *Inszenierung von Erfahrungsräumen* in analogen Übungen
- zur *Reinszenierung sozialer Wirklichkeiten*, um diese problemlösend zu beeinflussen.

4. System-Metaphern

Coaching als Gestaltungsbeitrag zu Arbeitssystemen richtet sich immer auf soziale Systeme. Auf die Einzelperson – z.B. die Führungskraft, die mit ihrem spezifischen Binnensystem in Arbeitssystemen (Team oder Betrieb) agiert, auf ein organisatorisches Teilsystem (Abteilung, Arbeitsgruppe), auf eine ganze Organisation, auf ein Projekt oder auf eine Ausbildungs- bzw. Trainingsgruppe.

Das (→) Systemhaus steht immer auch in einer Systemstadt, die sich wiederum in einem Systemland befindet, das auf eine bestimmte Weise regiert wird usw. Jedes soziale System ist einerseits Teil umfassenderer, größerer Systeme und beinhaltet andererseits – tendenziell unendlich viele – Untersysteme. Die Frage nach dem kleinsten unteilbaren Element ist für uns dabei von eher akademischem Interesse.

Jedenfalls ist das Individuum ebenso wenig die kleinste unteilbare soziale Einheit, wie das Atom die physikalische. Wir wissen seit längerem, daß jedes Atom – obwohl früher für den ultimativ kleinsten Baustein naturwissenschaftlicher Systeme gehalten – wiederum ein hochkomplexes energetisches System darstellt, dem kaum vorstellbare Kräfte (Kernenergie) innewohnen.

Ein vergleichbarer Irrtum wäre es, den einzelnen Menschen für die stabile Grundeinheit komplexer sozialer Systeme zu halten. Verschiedene Modelle, die relativ selbständige unterschiedliche Instanzen im „Binnensystem Person“ klassifizieren, sind bekannt (z.B. Psychoanalyse, Transaktionsanalyse).

Wir gehen davon aus, daß es nicht drei oder vier festgelegte Teile eines individuellen Binnensystems gibt, sondern daß der Mensch prinzipiell als multiple Persönlichkeit – und dies nicht im krankhaften Sinne – zu begreifen ist. Je nach Lebenserfahrung, diversen Kontexten und aktuellen Einflüssen können sich immer wieder neue innere Systeme konstellieren. *Schulz von Thun* prägt dafür das Bild vom inneren Team, *Zinker* spricht von Multilaritäten und *de Roeck* faßt den Menschen als „Gesellschaft im kleinen" auf.

Da Systemtheorie sich oft sehr abstrakt, geradezu kybernetisch präsentiert, wählen wir eine komplexe Analogie für soziale Systeme – *die Stadt*. Damit wollen wir den Gegenstand auf den sich kreatives Coaching bezieht ebenso verbildlichen, wie die dem Gegenstand angemessenen Interventionen.

Wie funktioniert das System Stadt? Worauf beruht es? Welche Haltungen und Herangehensweisen fördern die Entwicklung dieses Systems? Was lehrt das den kreativen Coach, der eine nachhaltige, qualitativ hochwertige Beratungsdienstleistung anbieten will?

4.1. Die Stadt

Die Stadt ist eine zentrale Metapher für unsere sozialen Systeme. Sie entsteht, wo sich die Wege der Menschen kreuzen, sie entsteht aus Handel und Wandel. Die Stadt beruht auf dem Bedürfnis nach Begegnung und den Erfordernissen von Kommunikation. Sie ist immer multifunktional, sie ist nur multiperspektivisch zu begreifen. Die Verwendung der reichhaltigen Analogien, die sie bietet, macht das Wesen sozialer Systeme anschaulich. An ihr lassen sich Auswirkungen und Zusammenhänge von beraterischen Interventionen in sozialen Systemen studieren.

Die Stadt ist der Kontext. In ihr stehen die Systemhäuser. Die Stadt ist nebenbei auch Voraussetzung für die Existenz von Beratung. Ohne städtische Strukturen gäbe es keine Industrie, keine postindustrielle Gesellschaft. Es gäbe keine professionellen Organisationen, es gäbe keinen Supervisions- und Coachingbedarf.

Stadt und Zivilisation (lat.: civitas) sind untrennbar verbunden, im Aufstieg wie im Verfall. So sehr, daß schon im Niedergang des Römischen Reiches „die Auflösung der gesellschaftlichen Strukturen ganz physisch am Zerfall des Stadtbildes erfahrbar wird"[44].

Die Systemhäuser bilden das System Stadt

Die Stadt ist ein hochkomplexer sozialer Organismus mit einer materialisierten Grundlage, mit ihrer Infrastruktur, mit den Gebäuden, Straßen und Plätzen als baulicher Substanz. Diese materielle Grundlage kann als Kontext gelesen werden, in welchem soziale Interaktion stattfindet. Sie wird von den Aktionen und Interaktionen der Menschen geprägt und wirkt ihrerseits wesentlich auf die Handlungen der Einwohner zurück.

Dynamik und Beharrung

Es gibt eine *Grundpolarität* zwischen der innovativen Dynamik des sozialen und wirtschaftlichen Lebens in der Stadt und ihrer „physischen Gestalt". Diese Gestalt wirkt „tendenziell beharrend, sie glättet zeitlich ablaufende Veränderungen und vermittelt ganz entscheidend zwischen der Gegenwart und der Vergangenheit....Diese Eigenschaft, die zum Wesen der Stadt gehört, wirkt ihrer innovativen Dynamik entgegen."[45] Hier begegnen wir einer Grundpolarität, die auch das (→)

Systemhaus prägt. Die Herstellung der Balance von Stabilität und Flexibilität muß geleistet werden.

Mit dem Übergang von der griechischen offenen Stadt zur befestigten römischen Stadt kam es zu „klar definierte Grenzlinien, die es zu konsolidieren und verteidigen gilt“. Später wurde der Umgang mit Ruinen zu einer Konstante der europäischen Kultur. Im Mittelalter war die Hauptfunktion der Stadt „Zufluchtsstätte“ im undefinierten gefahrvollen Raum, in dem die (römischen) Ordnungsstrukturen verschwunden waren.

Die Stadt als Organismus

Eine Stadt verhält sich wie ein Organismus, sie behält auch bei ständigen Eingriffen ihren Charakter. „Deshalb fällt es so leicht, eine Stadt zu lieben. Ein Amsterdamer liebt seine Stadt. Gerade weil er das Alte so gut kennt, weiß er das Ringen des Alten mit dem Neuen zu schätzen.“[46] Alte Häuser sind seltener als alte Städte. Das kommt, weil Städtebauer gelernt haben, organisches Wachstum, also systemische Selbstorganisation zu akzeptieren. Architekten hingegen legen schon im Entwurf den Lebenslauf eines Hauses fest. Die Form folgt seit dem Bauhaus der Funktion.

Kreatives Recycling

„Aber was ist, wenn die Funktion sich ändert? Alle baulichen Neuheiten sind nach fünfundzwanzig Jahren hoffnungslos veraltet“[47]. Hier gibt es eine Parallele zu Trends in Beratungs- und Managementtheorien, die ja in der Regel noch viel kurzlebiger sind. Die Frage ist: was hat Bestand? Was für Begriffe gilt (→ kreatives Recycling), gilt auch für Gebäude: „Eine Wiederverwendung verlängert das Leben. Wenn eine Kirche nur als Supermarkt erhalten werden kann, muß sie eben zu einem Supermarkt werden, und ein Elektrizitätswerk wird zum Restaurant.“ Grundregel für den Coach: niemals alte Gebäude abreißen, und wenn sie noch so morsch sind. *Ein Coach ist kein Abbruchunternehmer.*

Restaurierung statt Abbruch

„Während ein Gebäude beim Renovieren so stark der neuen Zeit angepaßt wird, daß alles Alte verschwindet, geht es beim Restaurieren darum, den Charakter eines Hauses zu erhalten.“[48] Restaurierung als Wiederherstellung des ursprünglichen Zustands ist natürlich Illusion. So wie früher wird es nie wieder. Restaurierung ist ein Notbehelf. Sowenig ein normaler Mensch im Alter ein Holzbein braucht, sowenig braucht ein altes Gebäude restauriert zu werden – wenn es gut gepflegt ist.“ Daher ist die (→) Coaching-Funktion „Systempflege“ so wichtig.

„Ein gut unterhaltenes Gebäude hat praktisch das ewige Leben. Vorausgesetzt, es sind Menschen da, die Freude daran haben. Und das ist nur dann gegeben, wenn sie es nach ihren Bedürfnissen verändern dürfen. Das Gebäude muß sich anpassen können. Davon kann es nur profitieren.“ Deshalb die Notwendigkeit der lernenden Organisation. Sie braucht Menschen, die Freude an ihr haben und die sie mit ihren Bestrebungen beeinflussen.

Fleisch und Stein

Es gibt viele Beziehungen und Bezüge zwischen Kreativität, Stadt und Körper. Richard Sennett erläutert in diesem Beziehungsgeflecht plastisch den Begriff der „auto-poiesis“, der ja in systemischen Theorien gerne, aber oft eher unreflektiert und sehr abstrakt verwendet wird.

Poiein bedeutet im Griechischen „machen“ – poiesis ist der kreative Akt. In Athen ist das Ideal der poiesis die Stadt als Kunstwerk. „Denken ist Teil dieses kreativen Aktes, sowohl wissenschaftliches als auch politisches Denken; einige antike Schriftsteller nannten die demokratische Politik eine auto-poiesis, eine sich immer ändernde politische Selbsterschaffung.“[49]

Es galt, die komplexen und oft instabilen Kräfte zu verstehen, die die Kultur der Stadt (polis) geschaffen hatten und die auch eine Gefahr für die Stadt darstellten. „Diese Kräfte konvergierten im menschlichen Körper, dem größten Kunstwerk der Stadt.“ Damit ist weder der Körper als Gruppierung sinnvoll zusammenwirkender Organe noch in der Form physischer Eigenarten gemeint. Er wird „in der Weise eines Wappens“ verstanden, als heraldischer Körper. Hier gibt es einen signifikanten Bezug zur analogen Coaching-Arbeit mit den Wappenbildern. Und von der poiesis zur Poesie ist es auch nicht weit.

Die Poesie sozialer Systeme

Cees Noteboom beschreibt am Beispiel seiner Heimatstadt Amsterdam wunderbar poetisch die Komplexität eines sozialen Systems, in der sich physische Gestalt und gelebtes Leben untrennbar miteinander verbunden haben:

„Denn woraus besteht eine Stadt? Aus allem, was in ihr gesagt, geträumt, zerstört wurde, aus allem, was in ihr geschehen ist. Aus dem Gebauten, dem Verschwundenen, dem Geträumten, das nie verwirklicht wurde. Aus dem Lebenden und dem Toten. Aus den Holzhäusern, die abgerissen wurden oder verbrannten, den Palästen, die hier hätten stehen können, der Brücke über das Ij, die zwar gezeichnet wurde, aber nie gebaut. Aus den Häusern, die hier noch heute stehen, in denen Generationen ihre Erinnerungen zurückgelassen haben.

Aber sie ist viel mehr als das. Eine Stadt, das sind alle Worte, die dort je gesprochen wurden, ein unaufhörliches, nie endendes Murmeln, Flüstern, Singen und Schreien, das durch die Jahrhunderte hier ertönte und wieder verwehte. Mag es auch noch so entschwunden sein, es hat doch einmal dazugehört, auch das, was sich nie mehr rekonstruieren läßt, ist ein Teil davon, einfach deshalb, weil es einst hier, an diesem Fleck, in einer Winternacht oder an einem Sommermorgen gerufen oder ausgesprochen wurde.

Dieses fortwährende Gespräch an den Grachten im lebenden Körper der Stadt, das alles macht die Stadt aus. Wer will, kann es hören. Es lebt fort in Archiven, Gedichten, in Straßennamen und Sprichwörtern, im Wortschatz und Tonfall der Sprache, genauso wie die Gesichter auf den Gemälden von Hals und Rembrandt in den Gesichtern fortleben, die wir heute sehen."

Systemgeschichte

Hier zeigt sich wunderbar plastisch, wie ein soziales System seine Geschichte immer in sich trägt, wie die Geschichte allgegenwärtig in der Alltagswahrnehmung mitschwingt, wie sie als „geschichtete“ Vergangenheit einen reichen Erfahrungsfundus bietet, der „Schicht für Schicht“ erschlossen werden kann.

Das System Stadt spiegelt sich in seiner Geschichte

Außerdem begegnen wir hier in besonderer Weise den Dimensionen Ausdruck und Kommunikation. In verkörperter Gestalt und in verflüssigter Form. Wir begegnen einer redseligen Stadt, die sich unaufhörlich mitteilt (*Watzlawick*: „Es ist unmöglich, nicht zu kommunizieren“) und die auf Kommunikation gebaut ist.

Dieser poetische Text liefert wichtige Sensibilisierungen und Aufmerksamkeitsrichtungen für die Wahrnehmung und für die Diagnose komplexer sozialer Systeme. Er gibt Anregungen dafür, wie wir Systeme lesen können. „Die Stadt ist ein Buch zum Lesen, der Spaziergänger der Leser. Er kann auf jeder beliebigen Seite beginnen, vor- und zurückgehen in Raum und Zeit.“ Ein guter Grundsatz für kreatives Coaching mit System – der Coach kann an jeder Stelle beginnen, vor- und zurückgehen in Raum und Zeit.

4.2. System-Entwicklung

Wir können die Analogie noch einen Schritt weiterführen. Wenn das Prinzip Stadt solchen Einfluß hat, können wir an „Beratung nach urbanen Prinzipien“ denken. Es gibt starke Parallelen von Organisationen, Teams und „urbanen“, also belebten Städten. So könnte beispielsweise die Stadt Amsterdam exemplarischer Brennpunkt, Beobachtuns-Laboratorium und Inspirationsquelle einer weiten beraterischen Perspektive sein.

Nach Häußermann sind es vor allem drei Dimensionen, die eine Stadt belebt und interessant machen, die „erlebnisreiche Szenen kennzeichnen“: *Ungleichheit, Ungleichzeitigkeit und Ungleichwertigkeit.*

Ungleichheit meint dabei die Gleichzeitigkeit und Koexistenz verschiedener Lebensstile, Verhaltensweisen und Arten der Selbstpräsentation. Arbeitende-Flanierende, schnell-langsam, arm-reich, in sich Gekehrte-Agierende, Käufer-Verkäufer. Zusätzlich bereichernde Elemente sind verschiedene ethnische Gruppen, fremde Waren und exotische Musik. Besonders aufmerksamkeitsanregend ist die Koexistenz verschiedener Nutzungsarten, denn reine Wohngebiete, Verwaltungsviertel, Industriegebiete sind langweilig. Hinzu tritt die unverhoffte Präsenz des noch nie Geschehenen – der Wunsch nach Überraschung.

Polaritäten sind Energie.

Die Überkreuzung der Wege von Menschen, die mit den unterschiedlichsten Zielen und Zwecken unterwegs sind, erzeugt unverhoffte Kombinationen und Szenarien. „Dazu gehört auch das Widerständige, das Ungeplante, das keinen privaten Ort hat und deshalb den öffentlichen Raum aufsucht.“[50] Vom Coach ist Ambiguitätstoleranz gefordert, d.h. die Fähigkeit gleichzeitig vorhandene Ambivalenzpole auszuhalten.

Ungleichheit erzeugt auch Konflikte. Damit diese nicht zu unüberbrückbaren Gegensätzen werden, stellt sich immer die Frage nach der Integrationsperspektive, nach Maßnahmen, nach integrativ wirkendem Handeln, nach Moderation. Moderne Stadtplanung und Sozialplanung ist nicht ohne Konfliktmanagement, ohne adäquate Beratungsformen denkbar. Kreatives Coaching mit System beinhaltet die gedanklichen und praktischen Dimensionen, die „Beratung nach urbanen Prinzipien“ erfordert.

Die Welt ist nicht, sie geschieht

Für nichtlineare Systeme ist ein Wechsel zwischen Ordnung und Chaos charakteristisch. Da soziale Systeme sich in der Entwicklungspolarität dieses Wechselspiels bewegen (→kreatives Chaos), ist die Wirkung von Coaching-Interventionen prinzipiell nicht vorhersehbar. Es gibt nur Wahrscheinlichkeiten.

„In sozialen Systemen können durch sehr kleine Veränderungen neue Organisationen bzw. Strukturen entstehen und/oder die bestehenden an neue Situationen angepaßt werden...Für die zukünftige Gestaltung sozialer Systeme scheint es daher wichtig, größere Freiräume für unerwartete Entwicklungen zu berücksichtigen.“[51]

Dies gilt für soziale Systeme auf der Mikro-, Meso- und der Makroebene. Für Teams, für Individuen, für Wohnviertel, für neue Betriebsmodelle, Beschäftigungsgesellschaften, für Städte, für Agenda-21-Prozesse (→Nachhaltigkeit), für Reorganisationen im Gesundheitssystem, für die Entwicklung neuer Bildungs- oder Hochschulstrukturen, für überstaatliche z.B. europäische Organisationen.

Zur Planbarkeit sozialer Prozesse

Planungs- und Gestaltungsprozesse in Wirtschaft, Sozialwesen, Stadtentwicklung, Hochschulen oder öffentlichem Sektor müssen daher immer so angelegt sein, daß sie Raum für Unvorhersehbares berücksichtigen, oder besser be-vor-sichtigen. Komplexe soziale Systeme verhalten sich prinzipiell dynamisch und nicht statisch, sie verhalten sich aus der Perspektive eines mechanistisch-linearen Verständnisses irrational und unvorhersagbar.

Das schließt nicht aus, daß z.B. bei Interventionen in Teams mit einer gewissen Wahrscheinlichkeit bestimmte Reaktionen erwartet werden können. Ein Individuum wird vermutlich voraussagbarer auf einen Impuls reagieren, als ein Team, dieses eher als eine Organisation, diese wiederum eher als die Gesellschaft.

Als einigermaßen sicher kann jedoch nur gelten, daß lernfreundliche Interventionen sich positiv auswirken. Zwar ist es nicht möglich, in einem System nicht zu lernen, doch es ist für den kreativen Coach durchaus möglich, die Qualität dieses Lernens konstruktiv zu beeinflussen.

„Es ist alles vergänglich"

Als kreative Anreicherung verwenden wir in Beratungs- und Seminarprozessen – mit freundlicher Genehmigung – oft den Song „deutsch, russisch, englisch" von *City*. Musik und Text veranschaulichen metaphorisch die Polaritäten und Relativitäten sozialer System-Entwicklung:

„Es ist alles verständlich, die Welt ist unendlich,
kein Sinn oder Plan: was aufhört fängt an.
Was groß ist und klein war, ist alles nur scheinbar,
ob drunter ob drüber, bald ist es hinüber.
Es ist alles erklärlich, die Schwerkraft meint's ehrlich,
was aufsteigt, fällt runter, es gibt keine Wunder,
nur rollende Räder und rollende Steine,
beschissen wird jeder, nur wissen will's keiner.

> Es ist alles vergänglich, ob deutsch, russisch, englisch,
> ob Krone ob Laub – wird alles zu Staub.

Am Ende vom Leben war es das eben,
nur mal auf die Schnelle durch Himmel und Hölle.
Ob Lärm und Getue, am Ende ist Ruhe,
wir beißen ins Gras, das war's dann, das war's.

> Es ist alles vergänglich, ob deutsch, russisch, englisch,
> ob Krone ob Laub – wird alles zu Staub.
> Es ist alles vergänglich, ob deutsch, russisch, englisch,
> es dreht sich die Welt, besteht und zerfällt.

Und falls es dich tröstet, danach kommt die nächste,
noch schöner, noch bunter – auch die geht mal unter."

(Quelle: CD „Rauchzeichen" von City, k&p music 1997)

5. Coaching-Lernen

Innovatives Lernen ist heute eine grundlegende organisatorische und gesellschaftliche Notwendigkeit. Es entscheidet über die Zukunftsfähigkeit sozialer Systeme. Lernen bedeutet dabei nicht in erster Linie die Aufnahme von immer mehr Informationen, sondern die Erweiterung von Fähigkeiten und Fertigkeiten, um die „Ergebnisse zu erzielen, die man im Leben wahrhaft anstrebt“[52].

Produktives Lernen ist auch die Herstellung einer gleichgewichtigen Verbindung von Plädieren und Erkunden. Es ist Auseinandersetzung mit den eigenen mentalen Modellen. Dazu bedarf es der Fähigkeit zur Offenheit und auch die muß wiederum gelernt werden. Es geht nicht um eine naive, grenzenlose Offenheit („Wer immer offen ist, kann nicht ganz dicht sein“) sondern um die Balance von (→) partizipativer und reflektiver Offenheit.

Zukunftsfähiges Lernen ist in erster Linie Erwerb von Kompetenzen, nicht Aneignung von Wissen. Man muß lernen zu lernen und es bedarf unbedingt der Übung. Was ist Übung? „Heute steht die Disziplin des Team-Lernens meiner Ansicht nach vor einem großen Durchbruch, weil wir allmählich lernen ‚wie man übt‘.“[53] Nach *Senge* gibt es vor allem zwei wesentliche Übungsfelder: Die Einübung des (→) Dialogs im Unterschied zur (→) Diskussion) und das Experimentieren in computergestützten Lernlabors und virtuellen Welten.

Wir sehen eine dritte, mindestens genauso wesentliche, Möglichkeit – die Übung von Interaktion im analogen Feld. Sie ergänzt die digitale Kommunikation und öffnet existentielle, direkte Erfahrungsräume. Die Übungen, die wir vorstellen, bilden daher einen praktischen, umsetzungsbezogenen Kern von Coaching mit System. Sie sind ein lange und vielfältig erprobter Weg, reflektive Offenheit zu erreichen, systemische Bezüge zu durchschauen und sich soziale Kompetenzen anzueignen. Sie generieren kreatives Praxislernen.

5.1. Das Erreichen von Zielen und Veränderungen

Oft haben Menschen tiefe Zweifel daran, ihre wahren Ziele verwirklichen zu können[54]. Diese Zweifel existieren selbst bei sehr erfolgreichen Menschen unterhalb der Ebene der bewußten Wahrnehmung. Sie gründen in der inneren Überzeugung der eigenen Machtlosigkeit („Ich schaffe es nicht wirklich") und der eigenen Wertlosigkeit („Ich habe es nicht wirklich verdient"). Die Metapher von den zwei Gummibändern verdeutlicht den strukturellen Konflikt im Binnensystem. Das Gummiband der kreativen Spannung zieht uns in Richtung Ziel, ein zweites Gummiband zieht uns in Richtung der negativen Grundannahme. Je näher wir dem Ziel kommen, desto stärker wird der Zug des zweiten Gummibandes. Innersystemische Kräfte wirken darauf hin, den Erfolg zu verhindern und wir „stellen uns selbst ein Bein".

Um diesen Systemkonflikt zu bewältigen gibt es drei übliche Strategien von begrenzter Wirksamkeit:

- die – meist sukzessive – *Aufgabe der Vision.* Dadurch verringern sich zwar Spannung und Schmerz im Binnensystem, dafür entstehen Resignation und Energielosigkeit, schlimmstenfalls Zynismus.
- Die *Konfliktmanipulation* – die Erzeugung künstlicher Konflikte, das Grübeln über mögliche Mißerfolge oder die Konzentration auf das Negative. Sie bewirkt permanente Aktivität, hat aber den Preis der Freudlosigkeit und ständigen Sorge. „Das Schlimme ist, daß viele Menschen süchtig nach der Konfliktmanipulation werden und die Überzeugung entwickeln, daß ein Zustand dauernder Angst und Anspannung das einzige ist, was zum Erfolg führt."[55]
- Das *Prinzip Willenskraft,* bei erfolgreichen Menschen weit verbreitet, funktioniert oft, hat aber auch – gerade von dem der es anwendet unerkannte – Schattenseiten. Wer nach dem Motto: „Viel Feind, viel Ehr" vorgeht, wendet viel Kraft zur Überwindung von Widerständen auf. Die Ökonomie der Mittel ist schlecht, er handelt ohne „Hebelkraft". Neben dem Preis völliger Erschöpfung und er-

heblicher privater Konsequenzen, bleibt zudem oft das Gefühl in wichtigen Lebensbereichen machtlos zu sein. „Irgendwie bewirkt die zähe Entschlossenheit und Zielorientierung, die bei der Arbeit so prächtig funktioniert, in der Familie genau das Gegenteil.“[56]

Wie nun läßt sich dieser strukturelle Konflikt produktiv bewältigen? Fundamentale Überzeugungen, zumal unterhalb der Bewußtseinsebene, lassen sich selten kurzfristig ändern. Die wirkungsvollste Strategie ist Wahrhaftigkeit.

Wie heißt der Coach, der ohne Honorar arbeitet? Er heißt „Ehrlichkeit gegenüber sich selbst“.

Bei *Senge* ist das die „Verpflichtung zur Wahrheit“. Wichtig ist nicht, sich diverse How-To-Techniken anzueignen („Wie werde ich erfolgreich in zehn Lektionen“) – es geht schlicht darum, „mehr vom Spielfeld zu sehen“.

5.2. Vier Grundprinzipien von Coaching-Lernen

Entscheidend ist nicht die Behauptung ultimativer objektiver Wahrheiten, entscheidend ist, daß wir immer wieder aufs neue bereit sind, die Selbsttäuschungen und Beschränkungen zu durchbrechen, mit denen wir uns selbst an der Wahrnehmung der Realität hindern, und daß wir unsere Theorien über das Wesen der Dinge immer wieder kritisch hinterfragen. Genau hier setzt Coaching an.

Die Wahrnehmung des Ist-Zustands

Wichtiger als jede Technik ist die Grundfokussierung auf die Erschließung des Handlungspotentials des Klienten. Das erste Prinzip von Coaching-Lernen ist immer der möglichst unverstellte Blick auf die (→) Realität, auf die Wahrnehmung dessen, was ist. Dazu gehört:

- der Blick auf die strukturellen Konflikte, die dem eigenen Verhalten zugrunde liegen,

- der Blick auf die interaktionellen Strukturen, die uns gefangen halten, solange sie uns nicht bewußt sind,
- der Blick auf das System.

Die Akzeptanz des Ist-Zustands

Das zweite Prinzip ist die Akzeptanz der Realität, zu der neben den objektiven Fakten gerade die internen und externen Systemstrukturen und Verhaltensmuster zählen. Veränderungen in sozialen Systemen werden an unzähligen Stellen dadurch verhindert, daß die Akteure den Ist-Zustand übergehen. Daß der status quo verbessert werden soll, scheint meistens klar – daß er unbefriedigend ist, verleitet dazu, nicht mehr genauer hinzusehen. Fast zwangsläufiges Ergebnis ist die gleichermaßen vorschnelle wie folgenslose Fixierung auf den Soll-Zustand. Die kollektive Verstrickung im „man müßte..“ ist die beste Garantie gegen Veränderungen. Übertroffen wird sie nur noch vom „man müßte...aber es geht ja nicht.“

Coaching ist das, was trotzdem geht

Das dritte Prinzip des Coaching-Lernens besteht darin, den „Ereignisstandpunkt“ zu verlassen, sich von der Überzeugung zu lösen, daß die eigenen Probleme von außen verursacht wurden. Unbestritten ist, daß zahlreiche äußere Faktoren unser Handeln beeinflussen. Hinterfragt wird stets die vermeintliche Unabänderlichkeit von „Zwängen“. Coaching fragt immer nach dem Spielraum. Coaching fragt immer nach dem, was trotzdem möglich ist.

Entscheidung

Das vierte Prinzip lautet „Entscheidung“. Fundierte Entscheidungen können erst getroffen werden, wenn die vorherigen Schritte erfolgt sind. Die erweiterte Realitätswahrnehmung (z.B. „die Kollegin hat ja im Grunde die gleichen Probleme wie ich“), die Realitätsakzeptanz (z.B. „die Teammitglieder haben einfach unterschiedliche Prioritäten oder Arbeitsstile“) und die Entdeckung der eigenen Handlungsalternativen („wie gehe ich damit um?"). Beim Coaching-Lernen geht es immer um Entscheidungen. Die zentralen Interventionen des Coach verlaufen nach folgendem Modell:

> *Der Kern von Coaching-Interventionen*
> „Sie stehen jetzt vor einer Entscheidung. Wenn Sie sich nicht entscheiden, ist das die Entscheidung für den status quo. Das können Sie auch tun. Die möglichen Folgen sind jetzt klar. Es liegt in ihrer Verantwortung. Meine Aufgabe lag zunächst in der Verdeutlichung. Falls sie sich für Veränderungen entscheiden, unterstütze ich Sie dabei. Falls nicht, akzeptiere ich das auch. Wie ist Ihre Entscheidung?"

Veränderung verläuft paradox

Beim Coaching-Lernen erfolgen Veränderungen weder durch gutes Zureden noch durch Appelle und Belehrungen, sondern durch Anwendung der vier Prinzipien. Die „Verpflichtung zur Wahrheit" (Grundsatz Wahrhaftigkeit) entwickelt eine oft überraschende Wirksamkeit, da sie die kreative Spannung zwischen Ist- und Sollzustand, zwischen Realität und Vision erhöht. Wenn ich nüchtern anerkenne, daß mein Verhalten gewisse ungünstige Konsequenzen auf die Teamarbeit hat, werde ich mich selbst eher zu Veränderung verpflichtet fühlen, als wenn die Kollegen mir Vorhaltungen machen und ich mich rechtfertige.

Bezogen auf Veränderung und Intervention gilt die strategieleitende Grundannahme, daß durch die bewußte Akzeptanz der negativ bewerteten Pole, letztlich die als positiv angesehenen Persönlichkeits – bzw. Systemeigenschaften echter, realer und somit wirksamer werden können. Die Ausweitung der einen Seite der Polarität zieht automatisch die Ausweitung der anderen Seite nach sich.

Veränderung erfolgt durch Ausweiten der systemischen Wahrnehmung. Die Handlungsrelevanz dieses Vorgehens besteht in der Erzeugung wirksamer Entscheidungsfähigkeit: „Wir können erst dann aus vollem Herzen darin einwilligen, etwas zu tun, wenn wir die Wahl haben, ‚Nein' zu sagen."[57]. Auch ein Coaching-System profitiert vom Ans-Licht-Bringen bislang vernachlässigter Systemanteile, da die Perspektiverweiterung zu einem größeren Spektrum an Handlungsmöglichkeiten führt.

Systemveränderung und Wertschätzung

In professionellen Systemen ist ebenso wie in Binnensystemen eine Grundspannung vorhanden, die darauf beruht, daß das System sich grundsätzlich in einem „existentiellen Dilemma", in einer Ambivalenz zwischen Veränderungswunsch und Integritätsbewahrung befindet. Um mit der Integrität des Systems in Kontakt treten zu können, braucht der Coach eine Grundhaltung des „Verstehens und der Achtung für die gegenwärtige Position des Systems".

Diese wohlwollende Akzeptanz des real existierenden Systems – und nicht der Ziele, die der Coach für es festlegt – kann als Voraussetzung gelten, um überhaupt sinnvoll intervenieren zu können. Damit einher geht die Wertschätzung des Prozesses. Etwas Bedeutsames kann manchmal erst geschehen, wenn das System eine Reihe von Erfahrungen durchlaufen hat, um „sich selbst neu zu begreifen und sich mit seinem Verhalten in diese Richtung zu bewegen"[58]. Wesentlich dafür ist, daß dem System Energie in der gegebenen Situation zur Verfügung steht.

Gelingt es dem Coach nicht, die Energie im System zu entdecken und anzusprechen, ist es wahrscheinlich, daß nicht wirklich miteinander kommuniziert wird und letztlich wenig dabei herauskommt. Der Coach hat also die Aufgabe, einerseits für die Systemenergie aufmerksam zu sein, andererseits dem Beharrungsbestreben des Systems „freundliche Teilnahme" entgegenzubringen, statt sich durch fehlende Kooperationsbereitschaft frustrieren zu lassen.

Problemtendenzen im System müssen akzeptiert und gebändigt werden

5.3. Überrollt werden oder aktive Teilhabe?

Kurt Richter weist darauf hin, daß in unserer gegenwärtigen Kultur ein hohes Maß an Selbststeuerung erwartet wird, weil die traditionelle Außensteuerung durch Moral und Norm nicht mehr greift. Die rapide Auflösung von Konventionen fordert von den meisten Menschen, eigene Maßstäbe und Ausdrucksformen zu entwickeln. Viele sind mit dem daraus erwachsenden *Zwang zum Selbstmanagement* überfordert. Noch unüberschaubarer werden die sozial-kulturellen Erfordernisse.

„Bei der Gestaltung der Beziehungen und ihres Zusammenlebens können Menschen nicht mehr einfach auf Vorbilder und bekannte Modelle zurückgreifen. Zusammenleben wird zu einem experimentellen Vorgang mit ungewissem Ausgang.“[59]

Ist Coaching politisch?

Sicher nicht im Sinne des momentan herrschenden Verständnisses von (→Politik), daß zu Politikverdrossenheit und Apathie geführt hat. Wenn kreatives Coaching eine politische Dimension haben kann, dann nur in der Förderung von Teilhabe an organisatorischen Entwicklungs- und Entscheidungsprozessen. Da bei nachhaltiger Beratung alles darauf ausgerichtet ist, Menschen auf ihre Selbständigkeit im sozialen Kontext anzusprechen, ist eine so verstandene politische Dimension fast unvermeidlich.

Der soziale Makrobereich – Politik, Wirtschaft und Gesellschaft – wird von turbulenten Veränderungen mit wachsender Beschleunigung bestimmt. Je nach Erklärungsansatz befinden wir uns im Wechsel von der Industrie- zur Dienstleistungsgesellschaft, zur Wissensgesellschaft oder zur Informationsgesellschaft. Die elektronische Revolution hat gerade erst begonnen und treibt die Globalisierung unaufhaltsam voran. Die Auflösung der politisch-ideologischen Blöcke ist gerade in Deutschland noch lange nicht verarbeitet, der Wertewandel durch die 68er-Bewegung wirkt nach, das ökologische Umdenken ist ein mühsamer Prozeß.

Die Furcht vor Wertezerfall und postmoderner Beliebigkeit geht um, hinzu kommt die gentechnische Revolution, die sogar das menschliche Wesen in den Bereich der Machbarkeit rückt. In der Arbeits- und Wirtschaftswelt gibt es fast nichts, was nicht in Bewegung ist. Feste Arbeitszeiten, dauerhafte Anstellungsverhältnisse, die Form der sozialen Sicherungssysteme, Wert und Beständigkeit von Ausbildungen – nichts wird so sein wie früher.

Diese veränderten Kontextbedingungen sind sowohl für Individuen als auch für organisatorische Systeme mit den gewohnten Strukturen und Verhaltensweisen immer weniger beherrschbar. Sozialwissenschaftlich gesehen scheint es sinnvoll, den Kontext unserer Arbeitssysteme nicht als Informations- sondern als Kommunikationsgesellschaft zu begreifen:

- *Informationen sind schnell, Wahrheit braucht Zeit.*

Diese Maxime des Bielefelder Computerkünstlers *padeluun* heißt im Coaching mit System leicht verändert:

- *Informationen sind schnell, wahrhaftige Kommunikation und Interaktion brauchen Zeit.*

Leben statt gelebt zu werden

Das Konzept der Modulationsgesellschaft von *Hennig Schmidt-Semisch*[60] trägt ebenfalls dazu bei, Zusammenhänge zu begreifen. Unser soziokultureller Kontext verlangt von Binnen- und Arbeitssystemen die *Fähigkeit zur Selbstmodulation* zwischen situativ sehr schnell wechselnden Anforderungssettings. Daher wird Flexibilität zu einer *sozialen Grundkompetenz*, die im kreativen Coaching besonders berücksichtigt wird.

Auch wenn die Verantwortung für übergreifende Veränderungserfordernisse bei politischen Gremien sowie den gesellschaftlichen und ökonomischen Großinstitutionen liegt, läßt sich auf organisatorischer und zwischenmenschlicher Ebene Einiges bewegen. Zur Förderung partizipatorischer Tendenzen, zur Teilhabe an sozialen Prozessen auf allen Ebenen, zur „Reaktivierung des politischen Subjekts an der gesellschaftlichen Basis" kann nachhaltige Beratung einen Beitrag leisten.

Symbolische Interaktion, das Arbeiten mit Bildern und Szenen im analogen Raum ist hierbei besonders nützlich und wirksam. Nach *Kurt Richter* werden so „Aspekte der inneren und sozialen Wirklichkeit transformiert und damit kommunizierbar". Der rationale Diskurs erhält so eine „sehr viel breitere Erfahrungsgrundlage und kann auf tiefere Einsichten aus den ansonsten sprachlosen Wirklichkeitsbereichen zurückgreifen"[61]. So kann der Haben-Modus begrenzt und der Sein-Modus *(Erich Fromm)* gestärkt werden.

Der Einfluß des Individuums

Kreatives Coaching ist eines von vielen Mitteln, die dem Prozeß der Emanzipation sehr nützlich sein können. Emanzipation bedeutet hier, die Macht und die Beeinflussungsmöglichkeiten bei sich selbst zu behalten und nicht an anonyme Institutionen abzugeben. „Emanzipation ist ein aktives Wort für Arbeit am Wohl der Menschen. Gleichzeitig auf persönlicher und gesellschaftlicher Ebene“[62]. Coaching mit System achtet dabei vor allem auf die Arbeitsbeziehungs- und die Organisationsebene.

Es richtet das Augenmerk auf deren selbstregulierende Kräfte, läßt jedoch auch den anderen Pol nicht außer acht: den Gesamtzusammenhang, die Umgebung, die Umwelt, die Gesellschaft. Hier reicht es nicht, beim „Ich bin ich und du bist du“ zu verharren. Es heißt auch für veränderungsbedürftige Arbeitssituationen: „Wenn du raus willst ... dann geh hinein. D.h. durchlebe die Realität, die sich dir anbietet, so bewußt wie möglich. Wenn du aus deiner jetzigen Lage raus willst, mach dir diese jetzige Lage immer mehr zu eigen, indem du dir vergegenwärtigst, was du tust und was mit dir gemacht wird.“[63]

So gesehen kann die Aneignung der Bewußtheit, die im kreativen Coaching geschieht, ein transferierbares Potential für die Beeinflussung übergreifender sozialer Zusammenhänge bieten. Und schließlich braucht gesellschaftliche Veränderung Menschen, die einen eigenen kritischen Orientierungspunkt behalten, die aus einer eigenen Autonomie heraus mit der sich ständig verändernden Welt um sie herum umgehen können.

Wieder gehören beide Pole dazu:

- Das Coaching-System wird durch Reflexion auf seine eigenen Wirkungs- und Einflußpotentiale aufmerksam gemacht *und*
- der Umgang mit den Kontextbedingungen, den organisatorischen, finanziellen, ideologischen oder hierarchischen Gegebenenheiten wird thematisiert.

Ein mögliches Ergebnis kann dabei auch verbesserte Anpassung *(coping)* sein.

6. Was muß ein Coach können?

6.1. Gute Coaches, schlechte Coaches

„Talent zum Coach hat jeder“ lautet ein Buchtitel. Wir wissen nicht, ob das so stimmt. Sicherlich gibt es viele Menschen, die zum Coach geeignet sind. Aber wir wissen, daß Talent allein nicht reicht. Coaching-Kompetenz ist etwas, das man lernen kann und muß. Sie ist nichts Exklusives, kann allerdings auch nicht „en passant“ erworben werden.

Was also muß ein Coach können? Auflistungen der Eigenschaften und Fähigkeiten, die ein guter Coach haben sollte gibt es massenhaft. *Rauen* gibt hierzu einen umfangreichen Überblick[64]. Weil Perfektionismus ein Merkmal ist, das den Coach tendenziell zu einem schlechten macht, benennen wir hier nur einige wesentliche Kriterien ohne Anspruch auf Vollständigkeit. Coaching-Kompetenz setzt sich zusammen aus

- Arbeit an sich selbst,
- Berufs- und Lebenserfahrung,
- professionalisierter Sozialkompetenz und
- ständiger Entwicklungs- und Auseinandersetzungsbereitschaft.

Gute Coaches	*Schlechte Coaches*
sind kontakt- und begegnungsfähig	haben ein technologisches Verhältnis zum Einsatz von Methoden
stellen sich rollenklar als echtes Gegenüber zur Verfügung	verschanzen sich hinter guruhaftem Expertentum oder windelweicher Beliebigkeit
eröffnen andere Sichtweisen und zeigen neue Wege auf	haben starre Konzepte und spulen ihre oder fremde Programme ab
sind zum offenen und respektvollen Dialog fähig	neigen zu Besserwisserei und Überheblichkeit
arbeiten kontinuierlich an der eigenen Entwicklung	sind manchmal „echt fertig", weil sie sich für fertig halten
sind neugierig und kreativ	denken insgeheim „das hab ich doch alles schon mal gehört"
haben Mut zu Risiko und Konfrontation	verwechseln „Fairplay" mit „Friedhöflichkeit"

6.2. Die Rollen des Coach

Ein Coach ist kein Guru. Wenn er mit Systemen arbeitet, kann er weder alles wissen, noch alles mitbekommen. Selbst mit guter Ausbildung, viel Erfahrung und gutem Gespür kann er niemals mehr als nur Ausschnitte der vorhandenen Komplexität wahrnehmen. Um dennoch sinnvoll und wirksam zu intervenieren, nutzt er die Weisheit des Systems.

Die Arbeit im (→) analogen Raum bietet dabei eine zusätzliche Qualität, die über die rein sprachliche (digitale) Weisheit hinausgeht. Situationen werden unmittelbar erfaßt und das räumliche, „inszenierte" Setting gibt wesentliche Informationen zur Bewältigung von Problemen und Herausforderungen. Die – oft zunächst verborgene – Weisheit des Systems tritt dadurch zutage, daß ein (→)"wissendes Feld" entsteht. Die Akteure transportieren Energie und Informationen aus der Praxis ins Coaching-Setting. Der Coach muß diese lesen und lesbar machen können.

Wesentliche und typische Rollen eines Coachs sind dabei

- Spiegel für Person und System
- Entwicklungshelfer statt Lehrer
- Sparringspartner
- Hofnarr

„Der Coach ist Agent der Umwelt, vergleichbar dem Hofnarren früherer Tage, der den Mächtigen unangenehme Wahrheiten sagen darf und muß. Denn von einer bestimmten Ebene ab gibt es im Unternehmen kein Feedback mehr, sondern nur noch politisches Verhalten."[65]

Ein wirksamer Coach bewegt sich prinzipiell an der Systemgrenze, daher hat er immer die Rolle des Grenzgängers. Er muß in der Lage sein, sie fortwährend in beiden Richtungen zu überschreiten. Manchmal geht er in das zu coachende System, und gehört für eine begrenzte Zeit dazu. Dann geht er wieder – bildlich gesprochen – hinaus, um die Außensicht nicht zu verlieren. Daraus ergibt sich eine grundlegende (→) Polarität, in deren Spannungsfeld er agieren muß – die Polarität von Fremdheit und Zugehörigkeit.

6.3. Der Coach als Intervention

Funktionierende soziale Systeme verändern – idealtypisch gesehen – ihre Struktur ständig im Sinne von Zuwachs und Entwicklung. Nicht oder schlecht funktionierende Systeme sind auf „*Reserveinputs*“ von außen angewiesen, da dieser Mechanismus versagt. Ein wesentlicher Schritt, sich neuen Input zu besorgen, kann darin bestehen, einen Berater bzw. Coach zu beauftragen. Er tritt ins System ein, um diesem zunächst zur Klärung zu verhelfen, also um den laufenden sozialen Prozeß zu beeinflussen.

Dabei gibt es zwar keine Veränderungsgarantie, doch „wird in jedem Fall von dem Intervenierenden erwartet, sich in einer Weise zu verhalten, die zu einer *Funktionsverbesserung* im System des Klienten beträgt...Vermutlich dient schon die bloße Anwesenheit des Beraters dazu, die Bewußtheit auf einige Aspekte des Systems zu erhöhen“.[66] Der Coach interveniert also schon durch seinen Eintritt ins System. Er ist dabei jedoch in einer Sonderrolle, die ihn per definitionem von den Mitgliedern des Systems unterscheidet und es ist hochnotwendig, sich dessen bewußt zu sein und zu bleiben.

Die Attraktivität des Coach

Seine Attraktivität hängt in gewissem Grad von den bei ihm wahrgenommenen Fähigkeiten und Einstellungen ab, die im System nicht oder nicht ausreichend zur Verfügung stehen. Er muß also etwas „Fremdes“ repräsentieren. Auf der anderen Seite dürfen seine Werte, Methoden und Einstellungen nicht zu weit von denen des Klientensystems entfernt sein, da er sonst zuviel Widerstand hervorrufen würde. Er muß sich also auch in gewissem Sinne in die Kultur des Klientensystems integrieren können.

„Wenn geeignete Berater in einem gegebenen System irgendwo zwischen diese Extreme fallen, so können wir annehmen, daß es zu einer konstanten gegenläufigen Dynamik kommt, bei der einerseits Kräfte ins Spiel kommen, damit der Intervenierende ‚einer von uns‘ bleibt, und andererseits das bestärkt wird, was verschieden ist.

Der kunstvolle Einsatz dieser Spannung, die durch Gleichheit und Andersartigkeit erzeugt wird, kann sich für den Berater vorteilhaft auswirken. Sie kann aber auch zu einer Hauptquelle für Schwierigkeiten und Beratungsfehlschläge werden, wenn sie nicht geschickt gehandhabt wird. Um aus dieser Spannung das Beste zu machen, muß ein erfolgreicher Berater sich dieser fortwährend bewußt sein und nicht versuchen, sie auszuschalten oder wegzuschieben".[67]

Formelhaft verkürzt lautet *das Grundmodell für qualitative Veränderung*: V (Veränderer) muß von S (System) akzeptiert werden – aufgrund von Ähnlichkeit mit Systemelementen passiert V die Systemgrenze und wird zu Systemteil. Nach Systemintegration wirken die Ungleichheiten von V verändernd auf S ein, so daß es zu S1 wird.

Der Coach muß also vom System akzeptiert werden und es bedarf dazu gewisser Ähnlichkeiten zwischen ihm als Veränderungssystem und dem Zielsystem. *Bernler/Johnsson* bezeichnen dies als Isomorphie. Er muß demzufolge zur Schaffung eines Arbeits- bzw. Lernbündnisses als Voraussetzung für Veränderungen zunächst

- *Isomorphiestrategien* anwenden, um dann auf der so geschaffenen Basis erfolgversprechend
- *Anisomorphiestrategien* einsetzen zu können.

Erstere können beispielsweise im Ausdruck des Teilens von Gefühlen, Werten und Kultur des Zielsystems bestehen, sollten aber immer nur „Ähnlichkeiten mit Realitätsbasis" ausdrücken also keine Anbiederungsversuche sein.

Als günstig können sich hier *Kulturkompetenz* des Coach – z.B. eigene Kenntnisse und Erfahrungen im jeweiligen Praxisfeld – oder ein ähnliches Menschenbild erweisen. Je „isomorpher" der Coach ist, um so eher wird er akzeptiert. Um so geringer wird aber gleichzeitig seine Fähigkeit zur Systemveränderung. Diese ist nur auf der Grundlage der Anisomorphien/Ungleichheiten möglich, die er als neue Impulse ins System einbringt. Ungleichheitsstrategien beinhalten wesentlich, daß er durch den „abwechselnden Gebrauch unterschiedlicher Repräsentationssysteme" erweiterte Kommunikationsmöglichkeiten lehrt.

Es ergibt sich ein *unvermeidliches Paradoxon*: „Der Helfer muß zwischen Außen und Innen wechseln können, er muß darüber hinaus gleichzeitig innerhalb und außerhalb des Systems sein: Zugleich muß er maximale Gleichheit und Ungleichheit gegenüber dem Klienten- und Zielsystem aufweisen“.[68] Analog zur paradoxen Theorie der Veränderung ist die paradoxe Rolle des Coaches Ausgangssituation seiner Interventionen.

Dabei ist der Coach gut beraten, wenn er den Klienten vermittelt, daß er

a) ihre Probleme versteht und daß es

b) in Ordnung ist, daß sie diese Probleme haben.

Manchmal ist es auch notwendig, Schuldgefühle abzubauen und ausdrücklich zu kommunizieren, daß nichts verurteilt wird („nichts Menschliches ist mir fremd“).

Gleichheit und Ungleichheit

In jedem Coaching-Prozeß besteht in irgendeiner Form die Grundannahme, daß der Coach qua Erfahrung, Wissensvorsprung, Rolle oder anderer Merkmale in der Lage ist, dem System zu helfen und daß dieses aus eigener Kraft nicht in der Lage ist, die Situation klar genug zu erkennen um klug genug zu handeln. Das stellt ihn tendenziell komplementär über seine Klienten.

Jeder Akt der Intervention beinhaltet nahezu unvermeidlich eine Beifärbung von Vermessenheit und Anmaßung und es ist davon auszugehen, daß die Klienten sich in einer Ambivalenz zwischen den Polen „Bewunderung für die Andersartigkeit“ und „Ablehnung der Überlegenheit/Anmaßung“ befinden.

Der Coach muß sich darüber im klaren sein, „daß das Annehmen eines Beratungsauftrages die Bereitschaft bedeutet, die Herausforderungen zu akzeptieren, die solche Akte der Anmaßung mit sich bringen. Wie gut die *Integration von Autorität und Bescheidenheit* gelingt, wird für Erfolg oder Fehlschlag der Beziehung entscheidend sein“[69].

Intervention als Grenzveränderung

Der Coach arbeitet also stets an der Systemgrenze und muß sich dessen gewahr sein, daß es beim Akt der Beratung um das Überschreiten oder Verändern von Grenzen eines sozialen Systems geht. Wer berät oder interveniert, nimmt dadurch die Position eines *Grenzstörers* ein. Grenze kann begriffen werden als phänomenologischer Augenblick, als Linie, als Streifen, als Membran. *Grenze* ist ein *Konzept von Relationen.*

Die Unterstützung und Förderung von Systemveränderung als Grenzarbeit kann am besten durch jemanden geschehen, der selber in dieser Grenzfunktion steht, der also eine *Präsenz von Grenzhaftigkeit* darstellt. Durch einen Coach als marginale Person.

6.4. Die Haltung des Coach

Da das wesentliche „Arbeitsinstrument" des Coach in seiner marginalen Rolle die eigene Persönlichkeit ist, rückt die Frage nach seiner inneren Haltung ins Zentrum Welche Haltung nimmt er ein? Mit welcher Haltung arbeitet er? Welche Haltung vermittelt er, bringt er in den Prozeß ein?

Traditionell wird zwischen „Beratung im Sitzen" und „Beratung im Stehen" unterschieden. Für Coaching mit System ist zusätzlich der Aspekt der Energie entscheidend: wie kann das Arbeitssystem – auch auf der sinnlich-körperlichen Ebene – in Bewegung kommen? Dabei hat sich der Coach zwischen den Polen „Handlungsorientierung" und „Achtsamkeit gegenüber kontraproduktiver Überaktivität" zu bewegen.

Voreilige Interventionsschritte, wie z.B. übermäßige Erklärungen oder Hinweise, können auch der Sorge des Externen entstammen, seine eigene Rolle als Helfender und Wissender zu rechtfertigen.

Wir halten in Coachingprozessen eine möglichst offene, situativflexible und selbst-kongruente Haltung für günstig. Das bedeutet zu versuchen, mit wachen Sinnen für möglichst viele Wahrnehmungsebenen empfänglich zu sein:

- Vor der Coaching-Einheit konzentriere ich mich auf das *Gewahrsein meiner Selbst.*
- Wenn ich mich dann in das Coaching-System hineinbegebe, lege ich den Hauptwahrnehmungsfokus auf den Empfang der Signale und *Botschaften des Systems.*
- Parallel dazu versuche ich möglichst, meine Selbstwahrnehmung „im Hintergrund" weiterlaufen zu lassen.

Insofern ist „geplante soziale Veränderung" oft nicht im Sinne einer Prozeß-, Verlaufs- oder gar Ergebnisplanung zu verstehen. Die *Planmäßigkeit* besteht vorrangig darin, zu Beginn und während des Prozesses immer wieder eine *Haltung der „ungerichteten Bewußtheit"* einzunehmen.

Zwei Grundhaltungen

Nevis nennt diese Haltung auch die *„Methode Columbo"* und definiert sie polar zur *„Sherlock-Holmes-Methode"* der Erkenntnisgewinnung. „Man könnte sagen, daß sich Columbo wie ein Schwamm verhält, indem er in seine Umgebung eintaucht, alles aufsaugt und auf wichtige Hinweise wartet, die unweigerlich dabei sein werden....Holmes unterrichtet sich selbst, indem er seine Umgebung kontrolliert; Columbo erlaubt sich selbst, sich unterrichten zu lassen"[70].

Columbo gewinnt *Erkenntnis über Kontakt*, Holmes über Distanz. Columbos Methode ist phänomenologisch hier-und-jetzt-bezogen, Holmes Methode ist naturwissenschaftlich-analytisch. Zwar macht die „Columbo-Methode" oft einfach mehr Spaß, doch befindet sich der Coach hier zwischen zwei starken Methoden-Polaritäten, die zusammengehören und die letztlich auch beide anzuwenden sind. Daraus leitet sich die Bereitstellung von Präsenz als grundsätzliche Interventionshaltung und als zentrale Methode im „Coaching mit System" ab.

6.5. Präsenz als Qualitätsmerkmal des Coaches

Präsenz ist ein Schlüsselbegriff. Er bedeutet zunächst schlicht „wirkliches Dasein" und Da-bleiben, Gegenüber-Sein. Er meint eine möglichst vollständige Anwesenheit im Hier-und-Jetzt. Als Kontakt- und Reibungsfläche zur Verfügung stehen.

Die eigene Wahrnehmung zur Verfügung stellen. Aufrichtigkeit, die weder beschönigt noch schonungs-los ist. Aufnahmefähigkeit und Handlungs- bzw. Hilfsbereitschaft – mit den Worten von Martin Buber: *„Von mir ausgehen, aber nicht auf mich abzielen."*

Nevis entfaltet ein Konzept von *Präsenz als lebendiger Verkörperung von Wissen*. Der Berater soll seine Einstellungen, Werte und Haltungen nicht nur vertreten, sondern sie anregend und auslösend einsetzen. „Die Theorien und Praktiken, die für wesentlich gehalten werden, um in Menschen Veränderungen auszulösen, manifestieren sich durch die Präsenz des Beraters, werden durch sie symbolisiert oder sind in ihr impliziert"[71].

Bezogen auf die Absicht geplanter Veränderung durch Interventionen bedeutet dies ein Ausleben von Grundannahmen darüber, wie man einander beeinflußt und hilft.

Der Intervenierende vermittelt seine Kenntnisse und Erfahrungen über effektive Interventionen wesentlich in seiner individuellen Selbstpräsentation. Irgendeine Form von Präsenz wird unvermeidlich in jedes Beratungssetting eingebracht, ob bewußt wahrgenommen, ob variiert oder nicht. Doch eine gute und bewußt eingesetzte Integration von Wissen und Verhalten im Hier-und-Jetzt kann das Klientensystem am effektivsten beeinflussen.

Die Haltung des Coach ist ein Hauptbestandteil seines Angebots

Professionelle Formen von Präsenz

Präsenz dient dazu, das Klientensystem zu „berühren“, denn ohne eine ausreichende Kontaktebene wird sich wahrscheinlich wenig Veränderungsenergie entwickeln. Präsenz läßt sich in vier Dimensionen untergliedern, aus denen sie ihre Wirksamkeit bezieht:

- *Stimmigkeit* – das Gefühl, als Coach am richtigen Platz zu sein, „intuitives Gespür für das Angemessene“, gutes Timing – keine Perfektion, aber überzeugendes, interessantes Verhalten.
- *Explizites gegenüber mysteriösem Verhalten* – ratio, kodifizierbares Wissen, Analyse, Diagnose und Logik versus Respekt und Aufmerksamkeit gegenüber Phantasien, Stimmungen und Gefühlen. Z.B. dem Kundensystem seine Verhaltensmuster auf nonverbalen Ausdrucksebenen zu spiegeln, ohne dies verbal-rational zu explizieren.
- *Narzisstische gegenüber kollektiver Identität* – Selbstpräsentation als einzigartige Person mit einer ganz eigenen Mischung von Wissen, Erfahrung, Fähigkeiten und Ausstrahlung versus Vertretung einer Richtung oder „Schule“.
- *Klinischer gegenüber kontaktvollem Modus* – Die klinische Präsenzform ist verbunden mit Distanz, Ankauf von Expertenwissen, „harten Daten“, Diagnose- und Lösungsorientierung. „Da Organisationen gewöhnlich aufgabenorientiert sind, ...besteht oft ein starker Sog hin zum klinischen Modus“[72]. Die kontaktvolle Präsenzform, bietet Begleitung an, macht keine Versprechungen hinsichtlich bestimmter Ergebnisse, sondern sucht Prozeßvertrauen zu vermitteln.

Bei den drei letztgenannten Präsenzformen geht es jeweils um die „Fähigkeit eine ausgeprägte Haltung auf dem Kontinuum einzunehmen“. *Nevis* unterstützt dabei in seiner Darstellung alle Haltungen und vermeidet es, eine der anderen vorzuziehen. Ein effektiver Coach sollte möglichst in der Lage sein, sich *von einer Präsenz zur anderen* zu bewegen.

Das allerdings wäre der nur selten erreichte Idealfall. Aber wahrscheinlich gilt auch, daß jede Präsenz, die vorführt welche Bedeutung es hat, sich des Prozeßgeschehens bewußt zu sein, wichtigen Einfluß haben wird, „da viele Organisationen auf der Ebene der Bewußtheit größere Schwierigkeiten haben als an anderen Punkten“[73].

6.6. Grundlegendes Interventionsverhalten

Im Vergleich zu anderen Formen der Prozeßberatung folgt daraus eine größere *Zugänglichkeit des Coach,* gerade auch seines Denkens und Fühlens.

Durch möglichst wirkungsvollen Einsatz der eigenen Person, besonders der Attraktion, die sich aus der Andersartigkeit ergibt, wird die Interaktion mit dem Klienten als vorrangiges Mittel zur Erreichung einer besseren Funktionsweise der Organisation eingesetzt.

Statt primär analytisch, deutend und vordergründig lösungsbezogen zu arbeiten wird die Energie des Klientensystems auf seine Funktionsweise gerichtet. Bei diesem Ansatz ist es sehr wichtig, Respekt für die Eigenart des Systems zu zeigen, während man gleichzeitig intensiv daran arbeitet, sich in seiner eigenen Art darzustellen.

Alle Aktivitäten bzw. Interventionen haben damit zu tun, Bewußtheit für die Vorgänge im System zu entwickeln um von da aus mittels der verfügbaren Energie zu effektivem Handeln überzugehen. Das Arbeitssystem hat dann die Freiheit – und die Verpflichtung – Entscheidungen zu treffen. Diese können, müssen aber nicht, zur *Änderung von Strukturen und Prozessen* der bisherigen Aufgabenerledigung des Systems führen. *Grundlegendes Interventionsverhalten*, gliedert sich in fünf wesentliche methodische Leitlinien:

- *Bewußter Einsatz der eigenen Sinne*, um dann über selektiv mitgeteilte Beobachtungen Präsenz zu etablieren
- *Wachheit für das eigene Erleben*, dessen selektive Mitteilung ebenfalls der Etablierung der Präsenz des Beraters dient
- *Aufmerksamkeitsfokussierung auf die Energie im Klientensystem*, auf vorhandene oder auch fehlende Themen und Fragestellungen, für die das System Energie hat (gemeinsame Figuren). Entwicklung entsprechender Handlungen, die sich mit dieser Energie verbinden, damit etwas Wesentliches geschehen kann
- *Förderung klarer, bedeutsamer, intensivierter Kontakte* zwischen Mitgliedern des Klientensystems und auch zum Berater
- *Hilfestellung bei der Bewußtseinsförderung* im System über den Gesamtprozeß mit dem Lernziel, die Abschlußfähigkeit von Unerledigtem zu fördern.

Die ersten beiden Aktivitäten – sich selbst und andere zu beobachten und sein Erleben selektiv mitzuteilen – sind die Eckpfeiler bewußten Coachings. Es sind diese Verhaltensweisen, die die anderen drei Aktivitäten ermöglichen. Um erstere gut ausführen zu können, muß der Coach zu einem fein geschliffenen Instrument der Beobachtung und Artikulation werden.

„Dies legt nahe, daß die Entwicklung des Selbst die einzig sinnvolle Möglichkeit ist, um ein erfolgreicher Berater zu werden."[74]

Essentielle Interventionsleitlinien für „Coaching mit System" sind daher: hohe Sensibilität, Reflexionsfähigkeit, Flexibilität und feine Wahrnehmung von Daten, Stimmungen, Emotionen und Atmosphären. Verbunden mit einer *exakten, differenzierten und originellen Artikulationsfähigkeit* gehören sie zu den Coaching-Grundkompetenzen.

7. Coaching und gestaltende Wissenschaft

Die Anwendungsbereiche und Zielgruppen von Coaching werden traditionell vorwiegend in betrieblichen und sozialen Handlungsfeldern gesehen. Coaching mit System als (→) Erweiterung traditioneller Beratungsansätze sieht darüber hinaus auch enge Berührungspunkte zum Bildungssektor.

Wenn Lernen bei der Wirksamkeit nachhaltiger Beratung eine so große Rolle spielt, was liegt dann näher, als Coaching auch auf Schule und Hochschule zu beziehen? Im Folgenden wird an einem konkreten Beispiel gezeigt, wie produktbezogene Bildungsqualität an der Hochschule von Coaching-Elementen profitieren kann.

7.1. Der Blick für das Wesentliche

Studenten forschen? Am Fachbereich Design? Sind das nicht die, die ständig zwischen kommerzieller Werbung und künstlerischem Anspruch umherirren? Das sind doch keine Wissenschaftler.

Aber Bielefelder Design-StudentInnenen haben geforscht. An der Fachhochschule existieren über 400 „studienbegleitende Arbeiten“ in Form origineller Buchprodukte. Sie demonstrieren auf beeindruckende Art, was StudentInnen an Einfallsreichtum, Reflexionsniveau und wissenschaftlicher Arbeitsdisziplin leisten können – wenn die Bedingungen stimmen.

Als ich die letzten 30 dieser Arbeiten in die Hände bekam, war ich erstaunt und begeistert. Neben dem ästhetischen war auch mein professionelles Interesse als Coach und Supervisor geweckt. Was – fragte ich mich – bewegte beispielsweise die Studentin *Janine Kulbrok* dazu, eine 210 Seiten umfassende interdisziplinäre Arbeit zur „Phänomenologie der Falten“ zu erstellen? Dieser Arbeitsaufwand und dieses Qualitätsniveau nicht etwa für eine Diplomarbeit, sondern für einen Schein im Fach „Wissenschaftliche Grundlagen der Ästhetik“? Und das studienbegleitend?

Die Antwort liegt in den „Bedingungen“, die stimmen müssen. Sie liegt in einem anwendungsbezogenen Wissenschaftsverständnis mit Herz und Verstand. Sie liegt in einem hochintelligenten und kontaktvollen Lehr- und Lernkonzept, das kreative Freiräume geschickt ausnutzte. Die Antwort liegt auch in der Persönlichkeit der Beteiligten, in diesem Fall des Lehrenden *Roland Günter*.

7.2. Wissenschaft und Praxisbezug

Wissenschaft wird hier nicht getrennt von der Alltagspraxis, vom ganzen Menschen und seinem sozialen Bezug. Forschung wird verstanden als Herstellung von Wahrnehmungs- und Reflexionsfähigkeit, als Weckung der Neugier auf das „Anderssein des anderen“. Als professioneller Coach und Supervisor arbeite ich ständig an der Vertiefung sozialer Bewußtheit in Arbeitssystemen, an der Verdeutlichung von Grenzen. Dazu gehört die sensible Balance zwischen Grenzrespektierung und Grenzüberschreitung. Genau in diesem Grenzbereich begegnete ich mit *Roland Günter* einem Menschen, dessen Lebensthema die Gestaltung von Komplexität und die Komplexität von Gestaltung ist.

Vor zehn Jahren lernte ich ihn als Eigentümer einer Wohnung in Amsterdam kennen. Über die regelmäßigen Aufenthalte in dieser Stadt, die neben vielen anderen Qualitäten vor allem die der Inspiration besitzt, kamen wir uns näher. Zunächst im Austausch über die baulichen, sozialen und künstlerischen Aspekte der Stadt, später ergaben sich daraus professionelle Berührungspunkte. Er als Kunsthistoriker und Hochschullehrer, ich als Soziologe und freiberuflicher Supervisor (diese Rollenbegrifflichkeiten sind sich der Reduktion auf Teilaspekte bewußt) arbeiteten irgendwo in gleiche Richtungen.

Einer von *Roland Günters* Lieblingsbegriffen ist „Synergie" und so machten wir uns im freien Selbstversuch daran, diese Richtungsgleichheit zu erkunden und voneinander zu profitieren. Ich experimentierte in seinen (→) Design-Seminaren mit Methoden kreativen Coachings und prozessualer Supervision und entdeckte dabei bereichernde Parallelen im beraterischen und im künstlerischen Gestaltungsprozeß. Unsere Kooperation verdichtete sich schließlich in einem innovativen Praxisprojekt zur touristischen Erschließung der Bochumer Industriekultur an der dortigen Ruhr-Universität[75].

Obwohl wir seit Jahren kooperierten, ging mir erst anläßlich seines Abschieds von der Bielefelder Hochschule die außerordentliche Qualität des dort von *Roland Günter* praktizierten Lehrkonzeptes auf, dessen zentrales Motto lautet: *sich nichts verbieten lassen*. Als jemand, der selber professionelle Praxisberatung immer mit Impulsen aus Theater, Kunst, Körpererfahrung und Sozialwissenschaft zu vernüpfen sucht, mußte ich unbedingt mehr und Genaueres über diese Konzeption wissen.

Wir vereinbarten für den Tag seiner Verabschiedung ein Interview, in dem er mir ein Resümee seiner 28-jährigen Lehrtätigkeit gab, dessen Quintessenz ich im Folgenden mit der supervisorischen Perspektive des kreativen Coaching verknüpfe.

7.3. Forschungsfeld Alltag

Studenten forschen. *Roland Günter* zufolge sollten sie das an allen Design-Studiengängen tun und nicht nur in Bielefeld. Entscheidend dabei ist die Verschriftlichung, denn Wissenschaft ist rein mündlich nicht denkbar. Ausgangsgedanke war, auch in Bielefeld, die Kapazitäten von Hochschule auf die Region zu lenken, in der sie existiert und so die Verantwortung für die Erzeugung von Synergien zu übernehmen.

Dementsprechend war das Forschungsfeld der „studienbegleitenden Arbeiten" in der Anfangszeit auf Ostwestfalen-Lippe beschränkt. Ausnahmen gab es nur „wenn einer über sich selbst schrieb“ und die Person so als temporärer Bestandteil dieser Region aufgefaßt werden konnte. Hochschulgeschichte wurde dadurch konkret, daß Studenten sich selbst zum Thema machen konnten. Geschehen konnte dies in Form fundierter Selbstreflexion anhand der Frage: *Wie komme ich zu meinem eigenen Werk?*

Bei tagebuchartigen Aufzeichnungen wurden die AutorInnenen aufgefordert, möglichst radikal zu sein und sich keine Barrieren zu setzen. Mit der Zeit wurde das Forschungsfeld erweitert um die Themen Licht, Reisebücher und Theater. Leitgedanke war es, dabei auf Forschungsphantasie in Themen, Methode und Darstellung zu setzen.

„In die Szene gehen" als Forschungsmethode

Da im Fach „Wissenschaftliche Grundlagen“ keine Hauptfachhistoriker studieren, konnte manches überambitionierte Vorhaben, wie z.B. die Erforschung der Geschichte eines mittelalterlichen Herrensitzes nicht realisiert werden. Dann wurde das Thema „gedreht“, so daß beispielsweise in diesem Fall der Gebrauchsgeschichte des Anwesens nachgegangen wurde.

Methodischer Grundsatz war es, aus den Komponenten „vernünftig ermitteln“, „Interviews durchführen“, „oral history“ und „detektivischem Spürsinn“ Wissenschaft zu machen. Handlungskriterien für Wissenschaftlichkeit waren die Aktivitäten „kritisch sehen“, „systematisieren“, „argumentieren“, „nachweisen“ und „vergleichen“. Als Ergebnis wurde gefordert: *„eine Darstellungsform, die nicht langweilt und am Schluß muß es auch noch ein bißchen gut aussehen“*.

Den Coach und Supervisor erinnert dieses Vorgehen an den beraterischen Paradigmenwechsel von der Methode „Sherlock Holmes“ zur Methode „Columbo“. Die genial inszenierte Kunstfigur des Inspektor Columbo ermittelt im Kontakt, begibt sich *in die Szene* und gewinnt dadurch Erkenntnis, daß sie sich – professionell kontrolliert – immer wieder selbst zum Teil des „Forschungsfeldes“ macht.

Auch methodisch gab es bei den „studienbegleitenden Arbeiten“ bewußt zugelassene Ausnahmen. Die genannten Kriterien für Wissenschaftlichkeit traten in den Hintergrund, wenn der Zugangskanal „literarische Fähigkeit“ erkennbar wurde. Ausgangsüberlegung hier: der Literat hat dem Wissenschaftler Einiges voraus. Er hat den Blick für Prozesse und ihm eignet die Lust auf Komplexität, die auch Atmosphären, Stimmungen und Gefühle einbezieht. Der Soziologe *Norbert Elias* prägte hierfür den Begriff der „Gefühlsgeschichte“.

Durch die Ermöglichung des literarischen Zugangs kam es zu mancher Talententdeckung, zur Entstehung manchen „Wunderwerks“. Außerdem nähert sich eine wirklich gute wissenschaftliche Arbeit immer einer gelungenen Inszenierung.

Was sollen die Leute können?

Die für die Methodenwahl entscheidende Frage lautet: Was sollen die Leute können? Die Anwort: Sie sollen ihr Leben lang tendenziell wissenschaftlich denken können. Nicht wissenschaftlich an sich, sondern im eingangs skizzierten lebensförderndem Sinne. Supervisorisch interessant ist hier die Parallele zur Entwicklungs- und Ressourcenorientierung. Vorrangig ist nicht, was Klienten und soziale Systeme „wissen“ – entscheidend ist, was sie „können“ und was sie „tun“.

Die methodisch erste Ebene betrifft die Arbeit der Quellensicherung, womit – siehe „oral history“, siehe auch Spurensuche anderer Art – keineswegs nur die geschriebenen gemeint sind. Dies beinhaltet neben der Sicherung vorhandener auch die Ermittlung weiterer Quellen. Die methodisch zweite Ebene behandelt die Frage „Wie verarbeite ich das?“ Verbindliche Grundlage für die Aneignung und sukzessive Verfeinerung der Methoden war das von *Roland Günter* verfaßte „Bildungsbuch einer Hochschule“.

7.4. Betreuungs-Schritte

Jede der Arbeiten wird prinzipiell von sechs Betreuungsgesprächen begleitet. Die Betreuung folgt einem sechsschrittigen Theaterprinzip.

Ausgelassene Schritte, die von den Studenten aus dem einen oder anderen Grund nicht wahrgenommen wurden, merkt man der Arbeit an. Voraussetzung für den Arbeitsbeginn war immer die Entwicklung einer Produktvorstellung, das Hinarbeiten auf ein Buch. Anfangs galt: jedes Argument ist ein Kapitel, die tatsächliche Struktur und Reihenfolge werden zum Schluß festgelegt. Der Prozeß verläuft vom Steinbruch zur Ausformulierung.

Themenfindung

Die Überprüfung der elementaren Frage: „Trägt das Thema überhaupt?“ Erst nach substantieller Verständigung in diesem Punkt gab es die Zustimmung des Professors. Viele Themen wurden abgelehnt, weil sie nicht „trugen“.

Brainstorming

Hier wurde größter Wert darauf gelegt, daß alles erlaubt ist und daß „in verrücktester Weise“ fabuliert werden kann. Eben so wichtig war die Dokumentation der Ideensammlung: „Ich habe mit keinem Studenten gesprochen, der nicht mitnotiert“. Der Professor gab meist knappe Einstiegsimpulse und reicherte das Brainstorming auch mit eigenen Ideen an. Er setzte auch die irgendwann erforderliche Zäsur und vermittelte dem Studenten das Gefühl dafür, „wann der nächste Schritt dran ist“.

Supervisorische Parallele an dieser Stelle: nachhaltige Beratung lebt immer davon, sich nicht allein auf die rational-kognitive Ebene zu verlassen. Sie geht immer wieder ins analoge Feld und nutzt die Kraft der Assoziation, der Bildhaftigkeit, des Traums und der Phantasie.

Grobinszenierung

In dieser Phase hieß es, den Text „ohne Rücksicht auf Fehler runterrotzen“. Im Theaterjargon erfolgt hier das „Hochkochen“ des Materials. Daran anschließend folgt die zweistufige Kritikmethode. Zuerst – und das ist als Wertschätzung enorm wichtig – kommt die Rückmeldung darüber was gut ist. Danach erst die Erörterung dessen, was noch weiterentwickelt werden kann.

In dieser Phase bleibt es nicht bei der einfachen Benennung von Schwachpunkten, der Professor gibt vielmehr produktive Tips und Anregungen. Supervisorisch begegnet mir hier die Auseinandersetzung „mit dem was ist" und der Übergang zum Coaching. Die Arbeit an zielgerichteter Kompetenzerweiterung, die Schwächen nicht ausmerzen will, sondern sie als Ressourcen sieht. *Prinzip Fehlerfreundlichkeit.*

Feininszenierung

Nun geht es um die Frage: „Wie sitzt das denn so ineinander?" Wie ist die inhaltliche Konsistenz des Produktes „Text"? Wo ist Nachrecherche nötig? Ist eventuell ein Umbau des Textes erforderlich? Nun geschieht das Drehen und Wenden im Sprachbildungsprozeß. Der schriftliche Text entspricht dem Holz des Tischlers – ohne sinnfälliges Material kein Gestaltungsprozeß.

Hier finde ich den Gleichklang mit supervisorischen Prozessen sogar in der gewählten Analogie. Wir benutzen in prozessualer Supervision und kreativem Coaching oft den Begriff der „Millimeterarbeit", die erforderlich ist, um das Handwerkszeug so zu formen, daß der beraterische Handwerker damit so angemessen und wirkungsvoll wie möglich arbeitet.

Nachrecherche

Hier ist es besonders wichtig, die Studenten davor zu schützen, nicht alles zu verwerfen und wieder von vorne anzufangen. Diese Phase verdeutlicht vielleicht noch mehr als die anderen die Unabdingbarkeit verbindlicher und qualitätsvoller Begleitung der Studenten. „Der Beratungsanteil der Profs muß ganz stark erhöht werden".

Der Professor ist hier – wie der Coach – in seiner produktiven Leitungsfunktion (Chef des Settings) gefragt, die sich als Gratwanderung zwischen Bremsen und Gas geben, zwischen abschneiden und radikalisieren erweist. Bei den Balanceakten, die an dieser Stelle – kurz vor dem Abschluß des Gestaltungsprozesses – zu vollführen sind, „kommt man rasch auf existentielle Ebenen, man muß mit einem künstlerischen Begriff von Radikalität auch wissenschaftlich operieren".

Darstellung

Alle inhaltlichen Elemente werden jetzt ein letztes Mal überprüft und wenn nötig nochmals verändert. Das aus antiker und italienischer Tradition gewonnene Grundprinzip lautet: *Renaissance ist Klarheit*. Mich wirklich mitteilen heißt: ich muß es sowohl mir selbst als auch dem anderen „klar machen". An dieser Stelle zeigt sich eine essentielle Schnittmenge zum Arbeits- und Erkenntnisprozeß im Coaching mit System . Wir verstehen es als „existentielle Klarlegungsarbeit im professionellen Kontext". Die Klärung von Arbeitsbeziehungen, von Konflikten, von systemisch wirksamen Einflüssen der sozialen Kontexte ist das Wesen von Coaching und Supervision.

Roland Günter sagt: „Ich muß mir die Frage stellen: Versteht der andere das überhaupt? Ich muß in der Lage sein, den Standpunkt zu wechseln und das muß trainiert werden." Auch hier bewegen wir uns in Kernbereichen von Supervision und kreativem Coaching.

Entwicklung und Training von Empathie, Multiperspektivität, das Hineinversetzen ins Gegenüber, in das Problem oder in das Symptom sowie die Beherschung verschiedener (→) Coaching-Sprachen gehören zur professionellen Grundausstattung des Coaches. Das Rollenspiel als „Spiel mit Rollen", die Verlebendigung vergangener Praxisszenen und die darstellerischer Nutzung vielfältiger analoger Medien dienen dem Zweck, möglichst unmittelbare Verständlichkeit zu erzeugen.

Zur Phase der Darstellung gehört schließlich noch ein Erfahrungsinput der Professoren, der den Studenten vermittelt, „wie man mit Menschen umgeht und wie man nicht langweilig ist". Dazu gehören zwei zentrale Momente: a) das Erzählen von Geschichten und b) das Entdecken und Freilegen der Inszenierungen und Dramaturgien innerhalb dieser Geschichten.

Auch hier begegnen mir zentrale Elemente nachhaltiger Beratung. Wenn Verhältnisse, Positionen und Beziehungen geklärt werden, bedarf es sowohl der sinnesgerechten als auch der gehirngerechten (also links-

und rechtsseitigen) Kommunikation. Dazu verwenden wir Verbildlichung, Verkörperung und soziale Re-Inszenierungen, manchmal auch in dramatischer Form. Hier lautet der Grundsatz: „Die Szene lebt".

7.5. Soziale Wissenschaft und Nachhaltigkeit

Wissenschaft hat für *Roland Günter* immer mit sozialer Effizienz zu tun. „Ich stehe auf den Schultern anderer und ich mache es für andere, also muß ich mich und mein Tun kontrollierbar machen." Transparenz ist wichtig für die Wissenschaft, damit nicht wirklichkeitsferne Fachtermini die Inhalte oder auch die Inhaltslosigkeiten vernebeln. Transparenz ist wichtig für Supervision, damit die Klienten wirklich „gut beraten" sind und damit sie nicht rätseln müssen, ob sie es nun mit tatsächlichen oder vermeintlichen Experten zu tun haben. In beiden Fällen geht es darum, die Entstehung von Herrschaftswissen zu verhindern.

Das exemplarische Lehren und Lernen von Gestaltungsprozessen des *Roland Günter* wird abgerundet durch kommunikationsrelevante und ästhetische Details, wie Gesichtspunkte von Typographie und Layout sowie durch eine letzte Maxime: „Schafft eine lebendige, eine fröhliche Wissenschaft!" Auch hier treffen sich unsere Disziplinen noch einmal, denn wir sagen: „Supervision ohne Humor ist witzlos".

Das geschilderte Vorgehen klingt sinnvoll und attraktiv. Es hat viele ernsthaft Studierende wirklich berührt. Die über 400 „studienbegleitenden Arbeiten" belegen dies eindrücklich. Die Umsetzung dieses Lehr-Lern-Konzeptes war nicht frei von Widerständen, Anfeindungen und Kränkungen. Die Kontextbedingungen waren einerseits gewährend, andererseits oft demotivierend. Es bedurfte einer starken, überzeugten und überzeugenden Persönlichkeit, dennoch unbeirrt auf dem „guten Weg" zu bleiben.

Roland Günter wurde dabei nicht zuletzt dadurch bestärkt, daß ihm die Transferierbarkeit seiner Methodik auf berufliche Kontexte immer wieder rückgemeldet wurde. „Ohne Ihre Schule hätte ich bestimmte Schwierigkeitsgrade in meinem Beruf nicht bewältigt". StudentInnen, die sich wirklich eingelassen haben – im kreativen Coaching nennen wir das „Commitment" – haben erfahren, daß es sich langfristig lohnt.

Wird es zur Erschließung der erwähnten Arbeiten kommen oder werden sie in den Regalen verstauben? Sie bieten in jedem Fall die Möglichkeit, sich mit einem gut dokumentierten zukunftsfähigen Lehr-Lern-Konzept auseinanderzusetzen. Die Arbeiten sind das Ergebnis kollektiver sozialer Kreativität, in ihnen liegt viel poetisches und praktisch nutzbares Material verborgen und sie geben eine Ahnung vom Potential das vermutlich auch an vielen anderen Hochschulen, bei Lehrenden und StudentInnen brachliegt.

Abschließend ist es nur konsequent, im analogen Erzählmodus konkret zu fragen: Wer will keine schlafenden Hunde wecken? Wer bevorzugt den Dornröschenschlaf? Und wer weckt den schlafenden Riesen? Wie nachhaltige Beratung dieses Potential förden kann, wird weiter unten (→ kreatives Coaching mit Design-Studenten) en detail beschrieben.

Teil II
Coaching als professionelle Begegnung

Heinrich Fallner

Coaching ist ein professionelles Begleitungskonzept zur Qualifizierung beruflichen Handelns in Arbeits-Systemen.

1. Systemankoppelungen

Coaching kann unterschiedliche Ankoppelungen an ein System haben und in unterschiedlich akzentuierten Settings durchgeführt werden. Ausgangs-und Bezugspunkt für den Coachingprozeß sind die professionelle Rolle des Klienten und seine Kompetenzentfaltung im System (→ Systemkompetenz). Besonderes Blickfeld ist dabei die Kompetenzsicherung und -stabilisierung.

Die Zielsetzung der Begleitung kann sich dabei schwerpunktmäßig auf die Interaktion der MitarbeiterInnen im System (Kommunikation, Koordination, Kooperation) beziehen, oder sich auf die Leistung des (Teil-)Systems konzentrieren. Die Leistung eines Systems hängt von den verfügbaren Kompetenzen seiner MitarbeiterInnen ab.

In dieser Ausrichtung fokussiert Coaching die Beziehung zwischen MitarbeiterIn, KundIn und Produkt. Die ständige Verlebendigung dieses Beziehungs-Dreiecks ist ressourcenaktivierend, dient der Qualitäts-Entwicklung und erweitert die Leistungskapazität eines Systems.

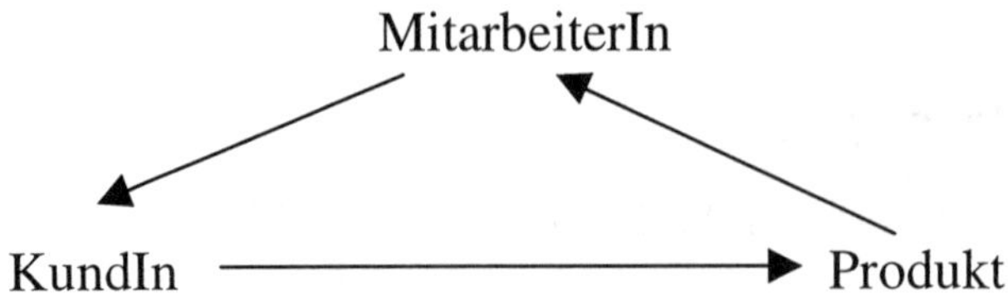

Die Vergegenwärtigung und Rückkoppelung in dieser Dreiecks-Zirkularität ist der Hebelpunkt für leistungsbezogenes Coaching zur Produkt- und (→) Kundenorientierung des Systems.

Die Interaktionen der MitarbeiterInnen auf den verschiedenen System-Ebenen und zwischen den Ebenen des Systems sind eine wesentliche Voraussetzung für Kundenorientierung und Produktqualität (→ Systemhaus). Was einem System fehlt, das kann es nicht verkaufen.

1.1. Systemkompetenz

Die Kompetenz eines Systems entsteht aus der Vernetzung der Kompetenzen seiner MitarbeiterInnen.

Ressourcen/ Mittel	Interaktionen im System	Produkt-Qualität	Kunden-zufriedenheit	Brauch-barkeit

Das hier vorgestellte Coaching-Konzept ist systemfreundlich und systemflexibel. Es orientiert sich am Bedarf des Systems und fragt nicht: wie muß ein System beschaffen sein, damit Coaching möglich wird, sondern: welchen Bedarf (Herausforderungen und Symptome) zeigt und formuliert das System? Welcher „Andockpunkt" im System wird als geeignet diagnostiziert? Welcher Kontakt ist erforderlich und möglich, um auf diese Systemanforderung im Coaching eingehen zu können? So gesehen muß Coaching systemkompetent sein.

Coaching braucht eine doppelte Aufmerksamkeit: zum einen bezogen auf die zu coachenden Rollen-InhaberInnen und zum anderen bezogen auf das Gesamt-System als Rahmen (Fallner/Richter, 2000).

1.2 Ebenen im System

Coaching mit System richtet seine Aufmerksamkeit auf die Klarheit der Ebenen. Jedes Subsystem und das Gesamtsystem der Organisation bewegt sich und handelt auf 4 Ebenen:

- die ideologische Ebene (Leitbild)
- die strukturelle Ebene (Rolle)
- die funktional-pragmatische Ebene (Alltag)
- die Arbeits-Beziehung-Ebene (Interaktion)

Jede Ebene ist eine Ressource. Jede Ebene kann auch eine schwierige, problematische und konfliktaufzeigende Etage im (→) System-Haus sein. Konflikte, die auf einer System-Etage ihre Nahrung bekommen, werden nicht selten auf einer anderen Ebene thematisiert. Dort ist allerdings eine Lösung nicht möglich, weil es eine andere Etage im System ist. Entstehungs- und Lösungs-Ort stimmen nicht überein.

Coaching legt die Ebenen der Lösungsbewegung klar und deckt Ebenen-Umleitungen auf, damit die Problemdynamik eine Richtung erhalten kann, die auch die Chance der Lösung in sich trägt.

2. Coaching-Formen und Kontrakte

In diesem Abschnitt werden die wesentlichen Formen, in denen Coaching mit System stattfindet, vorgestellt. Ein System kann nur sehen, was es sehen kann – ein System kann nicht sehen, was es nicht sehen kann. Auf dieser scheinbaren Banalität begründet sich, daß *externes Coaching* in der Regel ertragreicher ist, als internes (blinder Fleck). Dennoch gehen wir auch auf *internes Coaching* ein, da es – vor allem in Verbindung mit einem modernem Führungsverständnis – häufig praktiziert wird.

Der blinde Fleck kommt aus der Vergangenheit – Arbeitssysteme sind kein Spielzeug

Für *Trainings- und Kontroll-Coaching* entsteht ein zunehmender Bedarf, weil sowohl interne als auch externe Coaches eine Reflexion ihrer professionellen Tätigkeit benötigen. Für die (→) *Qualifizierung zum Coach* bedarf es einer systematischen Ausbildung, für die es keine einheitliche Regelung gibt.

Coaching braucht klare Kontrakte und Regelungen. Es gibt Kontrakt-Essentials, die für alle Formen gelten und es gibt Kontrakt-Besonderheiten, die für die unterschiedlichen Formen sinnvoll sind.

2.1. Externes Coaching

2.1.1. Coaching von Leitungsrollen

Coaching von außen kann an Leitungsrollen ankoppeln. Jede Leitungskraft von der Systemleitungsspitze bis hin zur untersten Leitunsebene kann sich durch Coaching in ihrer Leitungsarbeit unterstützen. Ausgangs- und Bezugspunkt für diese Begleitung ist die Leitungsinteraktion. Anlaß für ein Leitungscoaching ist häufig eine Konfliktsituation im System, die aus der Leitungsrolle heraus zu eine Klärung und Lösung entwickelt werden muß.

Neue, veränderte Herausforderungen, die mit bisherigen Leitungsstrategien nicht zu bewältigen sind, beinhalten einen sinnvollen und oft notwendigen Anlaß für die Leitungskraft, sich in einen Coaching-Prozeß zu begeben. Leitungscoaching entwickelt in enger Systembezogenheit Konfliktlösungsstrategien ebenso, wie eine konsequente Betrachtung des Selbstmanagements bzw. der Selbststeuerung der Leitungskraft.

Im Leitungscoaching wird immer wieder die eigene Position – und Wirkung im System – fokussiert. Die Reflexionsrichtung besteht darin, klarzulegen: Wie wirkt die Leitungskraft in das System und was wird in der Situation dadurch bewirkt? Wie wirkt das System auf die Leitungskraft und was wird dadurch in der Rollenkraft beeinflußt, ermöglicht oder verhindert?

Aus dieser Klarlegung heraus ergibt sich die vorrangige Entscheidung:

- wird zunächst systemdiagnostisch gearbeitet oder
- wird der Bewältigungshaushalt der Leitungsfachkraft in den Blick genommen?

Oft ist es gerade beides, was situativ korrespondiert, doch im Coaching mit System ist die Festlegung auf den Anfangsfokus eine erste Klarheit für die Arbeitsrichtung.

Das eine System ist der Kontext vom anderen System. Kontexte haben immer Wirkung und sind somit ein beeinflussendes System. Wird das eine schwerpunktmäßig reflektiert und trainiert, so wird das andere auf jeden Fall auch konzentriert und punktuell in der Coaching-Sitzung betrachtet.

Es ist ein alter Grundsatz in vielen tradierten Heilmethoden, daß man die andere Seite immer mitbehandeln, zumindest kurz würdigen, sollte. Im Coaching bekommt die andere Seite in diesem Sinne eine Portion Aufmerksamkeit, wenngleich sie auch hier und jetzt nicht vertieft wird.

Die Leitungskraft muß in ihrer Leitungsrolle handeln. Es ist nicht möglich, im System nicht zu handeln, jedes Verhalten ist Intervention im System (Axiom: *P. Watzlawick*)

Im Coaching ist es folgerichtig, daß der Reflexionsprozeß auf der Handlungsebene der Leitungskraft mündet, damit veränderte oder bestätigte Einsichten in der Wirklichkeit des Systems realisiert werden können.

Die Systemwirklichkeit für die Leitungsrolle (Rückkoppelungskompetenz, Wechselwirksamkeit) ist die Leitungs-Diagnose, die Hypothesenbildung, die Leitungsintervention und die Überprüfung der Wirkung (→ integriertes Coaching).

2.1.2. Coaching für Subsysteme – Andockpunkt Team

Arbeitsgruppen in Organisationen, die interaktional auf einander angewiesen sind um für das Gesamtsystem eine Leistung, bzw. ein Produkt zu erbringen, sind ein Subsystem mit Grenzen. Sie unterliegen einer Grundpolarität auf welche Coaching besondere Aufmerksamkeit richtet. Die Stabilität des Teams ist ebenso wichtig wie seine Flexibilität. Diese Grundpolarität muß das System in gleichgewichtige Verbindung bringen und halten. Diese Teamleistung ist erforderlich, um Entwicklung und Wachstum zu gewährleisten.

Coaching bezieht sich darauf und auf die Funktion, die das Team im Zusammenhang mit anderen Subsystemen im Gesamtsystem erfüllt. Eine Organisation hat in der Regel eine Gesamtleistung (Auftrag, Produkt) zu erbringen, die sich aus Teilen, Unterprodukten und Zulieferungen aus ihren Subsystemen zusammensetzt. Dabei ist es bedeutsam, wie die Grenzen innerhalb des Systems beschaffen sind und wie die Grenzqualitäten entwickelt und realisiert werden (→ Systemhaus).

Subsysteme bzw. Teams sind geeignete Andockstellen für Coaching von außen. Ein Team zeigt in seinen Ressourcen und Störanfälligkeiten sich selbst und gleichzeitig immer auch Aspekte aus der Dynamik des Gesamtsystems („Symptome sind Fenster zu Systemen“). Erfolgreiches Coaching stabilisiert das Team und dieses wirkt mit seiner Klarheit auch wiederum auf die Organisation.

Ein gut arbeitendes Team, mit wenig Reibungsverlust und Störanfälligkeit, ist ein stabiler Faktor im Gesamtsystem. Ein zufriedenes Team – damit ist kein selbstgefälliges Team gemeint – hat Ressourcen, auch mit zeitweiliger Kundenunzufriedenheit umzugehen. Es wird diese nicht als Störung verarbeiten, sondern als zirkuläre Rückkoppelung zur Entfaltung und Weiterentwicklung werten, aufnehmen und nutzen.

Coaching ist gerade auch im Kontakt mit Subsystemen systemfreundlich und flexibel in der Gestaltung von Zeit, Rhythmus und Umfang der Begleitung.

„Coaching mit System kann sehr abenteuerlich sein"

- Was ist erforderlich?
- Gibt es neue veränderte Herausforderungen?
- Was ist notwendig?
- Gibt es bereits Not im System, die es zunächst zu wenden gilt, damit die Arbeitsfähigkeit wieder hergestellt werden kann?
- Gibt es Zielperspektiven, die in der Realität des Teams, seiner Möglichkeiten gegründet und geerdet werden sollten?

Nicht Coaching von außen setzt die Bedingungen, sondern wie sind die Bedingungen derzeit im System und wie kann durch Coaching begleitet und trainiert werden?

Der Coach ist Chef des Settings, nicht Chef des Systems.

2.1.3. Coaching für Stabsfunktionen

Fachkräfte in Stabsabteilungen mit besonderen Funktionen für das Gesamtsystem haben einerseits einen großen Einfluß auf die Entwicklung des speziellen Produktes des Systems. Wenn das System erfolgreich ist, dann meist aufgrund ihres fachlichen Inputs. Andererseits haben sie keine interaktionale Einbindung auf den Ebenen des Systems, sie sind nicht mit systemdirektivem Einfluß ausgestattet.

Im Coaching-Prozeß können MitarbeiterInnen in dieser systemischen Ankoppelung ihre Möglichkeiten und Grenzen als Subsystem so klären, daß sie sich als Systemressource verstehen. Die System-Ressource kann nur System-Ressource sein, wenn sie sich nicht im Alltagsprozeß des Gesamtsystems verschleißt.

Aufmerksamkeit ist jedoch da erforderlich, wo das Gesamtsystem Themen und Probleme über ein Stabsystem um- bzw. ableitet. Diese Umleitung des Systems führt das Stabs-Subsystem in eine einwegige Abhängigkeit und liefert es aus. Durch Coaching können diese Anfälligkeiten und Systemphänomene diagnostiziert und für das Gesamtsystem in einen konstruktiven Prozeß zurückgeleitet werden.

2.1.4. Coaching für Projektmanagement

Vergleichbar mit Stabsfunktionen in Systemen sind auch Projekte, die sich entwicklungsfördernd im System auswirken sollen. Um Unterschied zu Stab sind Projekte ein Subsystem als Schnittmenge aus dem Gesamtsystem. Im Projekt gibt es eine dynamische Komplexität aus interaktionaler Einbindung mit systemdirektiven Einflüssen und einer neuen, veränderten Herausforderung zu einem Entwicklungs-Gegenstand oder Thema des Gesamt-Systems (→ Bewältigung von Komplexität).

Coaching bietet gute Möglichkeiten für das Projektmanagement, diese Komplexität zu nutzen und sich nicht an ihr zu verschleißen

2.2. Der Coaching-Kontrakt

Da im Coaching mit System die externe Variante als Hauptform angesehen wird, beschreiben wir zunächst den idealtypischen Verlauf eines Kontraktprozesses („Kontrakte sind vertrackte Kontakte“).

Die häufigste Form der Anfrage ist das Telefonat. Dieser Erstkontakt beinhaltet für den Coach schon erste diagnostische Spuren. Das Thema für einen Coachingprozess liegt oft schon in der Ouvertuere:

- ich brauche dringend Unterstüzung
- wir möchen uns begleiten lassen
- bei uns läuft einiges schief
- wir haben neue Ideen und ....

Die ersten Sätze drücken auch oft aus, in welcher verdeckten Rolle der Coach – neben seiner professionellen Beratungsrolle – auch wirksam werden soll:

- Unterstützer
- Prozess-Begleiter
- Orientierungshelfer
- Ideen-Manager

Diese ersten Eindrücke sollte sich der Coach merken und sie auf die 'diagnostische Halde' legen. Im späteren Prozessverlauf kann dieses diagnostische Material zur Hypothesenbildung wertvoll sein.

Innerhalb der Bedingungen, die durch den Andockpunkt vom System gegeben sind, setzt Coaching die Bedingungen, wie im Coachingprozeß gearbeitet werden soll. Das zu coachende System ist zuständig für die Grundbedingungen, für die Themen und die Inhalte. Coaching ist zuständig für die Methoden der Begleitung und des Trainings.

Nach dem Erstkontakt erfolgt eine erster Termin, zu dem sich Coach und der Klient bzw. das zu coachende System gegenüber sind. Dieses Ersttgespräch dient der Beziehungsanknüpfung, stimmt die Chemie in diesem Kontakt? Ein grundlegendes Gefühl aller Beteiligten, dass diese Arbeitsbeziehung gelingen kann, ist eine gute Basis für einen erfolgreichen Coachingsprozess. Ein weiterer Schwerpunkt im Erstgespräch bildet die Konzeptanknüpfung.

Kontrolle ist gut – Vertrauen ist besser

Der Coach läßt erkennen und verdeutlicht, mit welchen Methoden er im Coaching arbeitet. Er gibt Einblick in seine Ausstattung und er braucht die Zustimmung, die Erlaubnis des Klienten bzw. Des zu coachenden Systems. Er kann nicht ohne seine Ausstattung und nicht ohne grundlegendes Einverständnis durch seine Gegenüber arbeiten.

Der Coach ist im Kontaktprozess bereits „Chef des Settings", er muß wissen, an welcher Stelle des Kontraktprozesses sich das beginnende Coaching-System befindet und ab wann es an der Zeit ist, die Entscheidung zum Kontrakt zu treffen. Für den Kontrakt braucht er die Klarheit für sich, was für ihn verhandelbar ist und was für ihn nicht verhandelbar ist, sondern unabdingbar für einen erfolgreichen Coachingprozess. Diese Klarheit ermöglicht es, auf den Bedarf und die Erfordernisse des zu coachenden Systems einzugehen und diese im Coachingsystem mit seinen professionellen Bedingungen abzugleichen.

Der Coach dockt an das zu coachende System an, „versinkt" jedoch nicht darin, sondern bildet mit dem angedockten System das Coaching-System:

Nach dem Erstgespräch kann es eine „Verdauungs- und Nachwirkungsphase" geben. Sie sollte nicht zu lange andauern und sollte nicht unterlassen werden: mindestens fünfzehn Minuten – höchstens sieben Tage. Der Kontrakt wird geschlossen, wenn sich das zu coachende System und der Coach füreinander entschieden haben. Der Kontrakt beinhaltet die Verbindlichkeiten des Coachings-Systems für den Coaching-Prozess. Er sollte in prägnanter Kürze in schriftlicher Form abgefasst sein. Dabei sollten folgende Aufmerksamkeits-Richtungen ihren Platz finden:

1. Der Coaching-Prozess, die Ziele des Coaching. Für den Coach gibt es an dieser Stelle noch die Aufmerksamkeit für die verdeckten Aufträge und Erwartungen, die gehören jedoch in den Selbstkontrakt des Coach.
2. Die Arbeitsbeziehung in den Rollen Coach und Klient bzw. zu coachendes System, Verschwiegenheit, Auswertung mit anderen Systembeteiligten (z.B. Team).
3. Die Konzeptebene, Arbeitsansätze, Methoden und Settings.
4. Die Organisationsebene, Zeitumfang des Coachings-Prozesses und der Sitzungen, Flexibilität des Umfangs, Regelungen zur Beendigung, Ort oder Orte des Coaching.
5. Die Geschäftsebene, Honorar, Zahlungsmodalität, Abrechungsgrundlage bezüglich Zeit und Material.

Coaching kann über einen kurzen, mittleren und längeren Zeitraum vereinbart werden. Der Coaching-Kontrakt beinhaltet auf jeden Fall einen Kuppelungs-Passus in der Art, daß aus Vereinbarungen über einen kurzen Zeitraum ein mittlerer oder längerer Zeitraum entwickelt werden kann. Ebenso führen längere Zeitraumvereinbarungen nicht zu Abbrüchen, sondern zum Abschluß, wenn die Bedarfsorientierung erfüllt oder ein anderer Bedarf durch den Coaching-Prozeß sichtbar wird.

Auch der Umfang der jeweiligen Coaching-Sitzung orientiert sich am Bedarf und an den Bedingungen, die aus dem System heraus möglich sind. Für eine Einzel-Coaching-Sitzung ist eine Zeitflexibilität zwischen 20 und 90 Minuten möglich. Der Coach stellt sein Konzept darauf ein.

2.3. Integriertes Coaching

Der Coaching-Ansatz, bzw. Elemente daraus, können mit Leitungs- und Führungskonzepten kombiniert werden. Damit ist eine Qualitätsverbesserung in der Führung von Organisationen verbunden.

Die – durch Coaching erweiterte – soziale Führungskompetenz beinhaltet eine neue Dimension in der Personalentwicklung. Linear-hierarchische Leitungsansätze werden verändert in zirkulär-systemische Sichtweisen und Handlungsweisen.

Die „Einheit für Veränderung ist Interaktion" *(G. Bateson)* bedeutet auch hier den Zugang zu einer hohen Beteiligung der MitarbeiterInnen an der Entwicklung der Organisation. Beteiligung fördert das Bewußtsein für Mit-Zuständigkeit und ist die Basis für vergegenwärtige Verantwortlichkeit.

MitarbeiterInnen sind dann nich nur Empfänger von Leitungsinterventionen, sondern auch Sender zur Leitungsposition. Es entsteht eine vergegenwärtigte Rückkoppelungs-Kultur. Diese in das Leitungskalkül einbezogene Wechselwirkung ist ein Qualitätssprung hinsichtlich der Produktqualität und der Aufmerksamkeit in Richtung Kundenzufriedenheit. Vom Beteiligtsein (passiv) zur Beteiligung (aktiv)!

Es ist davon auszugehen, daß sich durch Coaching-Anteile die Leitungsarbeit in Richtung der lernenden Organisation verändert. LeiterInnen, die in ihr Konzept Coaching-Elemente einbeziehen, bzw. Coaching mit Führung kombinieren, sollten sich außerhalb ihres Systems coachen lassen (→ Kontroll-Coaching).

Für den Kontrakt im internen Coaching ist zu beachten, daß zunächst die arbeitsrechtlichen Rahmenbedingungen gelten. Besonders wichtig ist, daß Leitung, die Coaching-Elemente in ihr Führungskonzept integriert, dies nicht „heimlich" tut. Auch hier muß deutlich markiert werden, daß solche Elemente angewendet werden und Entwicklungsräume eröffnen sollen.

2.4. Trainingscoaching/Kontrollcoaching – Coach the Coach

Das Trainings-Coaching ist Begleitung und Kontrolle sowohl für externe Coaches als auch für Leitungskräfte, die integriertes Coaching praktizieren. Im Trainingssetting kann die eigene Coaching-Arbeit – bezogen auf Diagnostik, Intervention, Methodik und Wirkung im System – überprüft werden.

Neue Möglichkeiten, Methoden und Ansätze werden eingeführt oder entwickelt und trainiert. Trainings-Coaching findet in einer Gruppe zwischen sechs und zwölf TeilnehmerInnen statt (→ kollegiales Coaching). Günstig ist eine Mischung zwischen Leitungskräften, die in ihrer Leitungsarbeit Coaching innerhalb ihres Systems anwenden, und externen Coaches, die von außen angedockt im System wirksam werden.

Der Kontakt dieser unterschiedlichen Plazierungen im und zum System ermöglicht eine kreative Spannung, ein wechselseitiges Lernen und umfassendes Reflektieren für den eigenen Kompetenzstand des Coaches. Es ist nicht möglich, in einem System nicht zu Lernen. Rückkoppelung ist Voraussetzung für Kompetenzentfaltung.

Für den Kontrakt gilt insgesamt das gleiche wie für den im externen Coaching. Zusätzlich wird hier vereinbart, daß alle TeilnehmerInnen eigene Coaching-Fälle als „Kompetenzentfaltungs-Futter" einbringen.

2.5. Qualifizierung zum Coach

Training und Entwicklung eines Coaching-Konzeptes („Coaching mit System") mit Elementen der Gestalarbeit, der Systemtheorie und analoger, kreativer Methoden, bezogen auf externes und internes Coaching.

Inhalte und Arbeitsschwerpunkte

- *Subjektkompetenz*: Selbstkenntnis, Vergegenwärtigung eigener biografischer und beruflicher Entwicklung, Selbstgestaltungspotentiale und Selbstmanagement

- *Rollenkompetenz*: professionelle Rollenentwicklung, Rollenprägnanz im Coaching-Prozeß, Rollenflexibilität im Kontakt zu den Systemen
- *Soziale Kompetenz*: Diagnose und Gestaltung von Arbeitsbeziehungen, Entwicklung einer professionellen Haltung von Wertschätzung und Konfliktfähigkeit
- *Systemkompetenz*: Verstehen von Organisationen in Aufbau und Dynamik, Systemlandkarten und Systemwirklichkeiten, Planung, Durchführung und Auswertung systembezogener Coaching-Prozesse
- *Methodenkompetenz*: Interventionstechniken aus der Gestaltarbeit und aus systemischen Ansätzen, analoge Ausdrucksmittel, Bewegungs- und Skulpturarbeit, mehrperspektivische Trainingsverfahren /reflecting system
- *Veränderungskompetenz*: Der Coach als Change-Leader, Kenntnisse und methodische Kompetenz zum Diagnostizieren, Begleiten und Evaluieren von Veränderungsprozessen
- *Reflexionskompetenz:* Erlebnis-Perspektive, Haltungs- und Rollen-Perspektive, Methodenkonzept, Prozeß-Phasen und Arbeitsbeziehung im Coaching

3. Das System-Haus

Das Bild des System-Hauses soll die Komplexität einer Organisation systemorientiert veranschaulichen und eine Orientierung für die Begleitung durch Coaching geben.

3.1. Was ein System leisten muß

Wer mit komplexen Systemen zu tun hat, wie ein Coach, eine LeiterIn oder eine SupervisorIn, braucht eine gute Orientierung. Komplexität wird oft auf zwei eher ungünstige Arten bewältigt: als Reduktion durch Abspaltung oder als Verstrickung.

- Man kann Komplexität abspalten um sie so zu reduzieren – dadurch wird ein Teil des Systems ausgeblendet und in seiner Wirksamkeit für das Ganze nicht mehr einschätzbar.
- Man kann in der Komplexität versinken, jedes Packende nehmen, wieder loslassen und sich im System verlieren. Aus einer erforderlichen Vernetzung der System-Teile wird dann eine Verstrickung, die zu Passivität mit viel Handlung führt, „das System agiert den Rollenträger".

Beide System-Bewältigungen „ignorieren" die Kraft eines Systems, *die* aus der Summe der unterschiedlichen Teile, Ebenen und Spannungsfelder in den vorhandenen (→) System-Polaritäten *entsteht.*

Demgegenüber bietet das Modell „System-Haus" eine *Reduktion der System-Komplexität durch systematische Differenzierung.* Dadurch bekommt der Coach eine System-Landkarte, die ihm hilft, sich in der Architektur und Dynamik des Systems zurecht zu finden. Sie bietet eine sichere Orientierung für prozessuale Wahrnehmung, Diagnostik und Intervention mit System-Rollen, System-Abteilungen und dem System-Ganzen.

Auch in einer Einzelberatung sitzt das System mit am Tisch.

Die Architektur des Systems ist in diesem Modell erkennbar im Aufbau eines Hauses vom Keller über *die* Etagen bis zum Dach. Die Dynamik des Systems *ist* in diesem Modell in den beiden Außenwänden und Grundmauern, in der Polarität von Stabilität und Flexibilität *symbolisiert.*

Ein System muß Stabilität *und* Flexibilität gewährleisten: das ist die Grund-Polarität für ein System als Entwicklungs-Raum, Leistungs-Aggregat und berufliche Beheimatung.

In der Balance der Pole in dieser Grundpolarität liegt die Chance zur Entwicklung von Systemen und der Entwicklung der zugehörigen Individuen (Corporate Identity).

Wird in einem System die Stabilität übergewichtig und ist dies durch normale Gegenbewegung seitens der Flexibilität nicht in Balance zu bringen, so wird sich im Pol der Flexibilität ein Ausgleichsgewicht dagegen entwickeln. Lebende Systeme sind bestrebt, ihre Homöostase, also ihr Gleichgewicht, ersatzweise wieder herzustellen. In Familiensystemen haben wir es dann mit dem IP – dem identifizierten Patienten – zu tun. Er „meldet", dass im Beziehungs-System der Familie etwas nicht stimmt, das „Gleichgewicht aus den Angeln geraten ist". Nicht vergegenwärtigt, übernimmt der IP die Zuständigkeit für die Wiederherstellung der Balance und signalisiert seine Not durch ein Symptom (Symptomträger) wie dringend Not-wendig die Wiederherstellung der Balance ist und dass er es allein nicht schafft.

Das Symptom ist die Legitimation zur Anforderung von Hilfe für das Gesamt-System. Veränderung, Not-Lösung und weitere Entwicklung für das System kann es nur geben, wenn alle Systembeteiligten ihre System-Zuständigkeit entdecken und diese auch aktiv und innovativ in das System wieder einbringen.

Ein berufliches System ist einem Familiensystem vergleichbar. Es gibt einen Aufbau von Generationen, eine Hierarchisierung von Rollen, die sich komplementär und symmetrisch in Beziehung befinden. In der Dynamik der Arbeitsbeziehungen ereignen sich vergleichbare Phänomene, Probleme und Konflikte wie in familiären Zusammenhängen. Das berufliche System muß, ebenso wie das familiäre, Entwicklung, Leistung und Qualität ermöglichen, wenn es nicht nur genug an sich selbst haben will, sondern in Kommunikation, Koorperation und Konkurrenz mit anderen Systemen agieren und leben will.

„Luftdicht" abgegrenzte Systeme isolieren sich, erstarren nach innen. Nicht abgegrenzte, profillose Systeme verflüssigen sich zwischen anderen Systemen, werden als System-Partner reibungs- und bedeutungslos.

Erst eine Ausgewogenheit der Grenz-Qualitäten, sowohl nach innen gerichtet (Hierarchie, Ebenen, diagonale Verbindungen), als auch nach außen gerichtet, ermöglichen den erforderlichen „Luftzug" und Energie-Austausch für sicheren System-Kontakt.

3.2. Grenzqualitäten

- Starre, abgedichtete Grenzen (wo sind sie erforderlich?) geben Orientierung und Sicherheit. Ihre Problemtendenz bei Nichtangemessenheit liegt in der Erstarrung mit dem Risiko der Isolation oder des Gebrochenwerdens.
- Durchlässige Grenzen (wo sind sie erforderlich?) ermöglichen intensiven Kontakt, Zeugung von Ideen, Perspektiven und Wachstum. Bei Nichtangemessenheit liegt die Problemtendenz in der übermäßigen Aufnahme von außen und damit der Überfremdung. Es kommt zu Identitäts-und Profilverlustes des Systems.
- Flexible, anpassungfähige Grenzen (wo sind sie erforderlich?) ermöglichen situative und phasenweise Anpassung und Kooperation für gemeinsame Ziele von unterschiedlichen Systemen. Bei Nichtangemessenheit liegt die Problemtendenz in der Ambivalenz von Eigenem und Fremdem (Fähnchen im Wind) und damit in der Aufgabe eines eigenen System-Standortes.

Die MitarbeiterInnen in beruflichen Systemen bringen ihre System-Erfahrungen mit Polaritäten und Grenzen in Systemen in das derzeitige Berufssystem ein. Manches ist ihnen gegewärtig und kann in Verbindung gebracht werden. Manches kann mit dem Kopf erinnert werden, manches ruht aber auch im Leibarchiv.

Wenn in Berufs-Systemen und Arbeits-Beziehungen etwas in Bewegung kommt, geben Kopf *und* Leib Erinnerungen frei. Diese werden für die professionellen Rollenträger im System dann zu Ansatzpunkten, in ihrem Bewältigungshaushalt etwas zu verändern, also andere „Verkabelungen" vorzunehmen, wenn bisherige Muster für die Herausforderungen fehlen oder nicht ausreichen.

Der Coach muß sich in diesen Verbindungen von frühen Systemen und derzeitigen Berufssystemen auskennen. Unabdingbar ist, dass er bei sich selbst mit diesen Zusammenhängen und Verbindungen beginnt, damit er in der Abgrenzung seines Systemhauses (→ Grenz-Qualitäten) das zu beratende Systemhaus *mit* (→) Coaching-Kompetenz betreten kann.

3.3. Das Erdgeschoss der Arbeitsbeziehungen

stellt eine Basis für jedes System dar. Auf dieser Ebene haben wir es mit den Menschen zu tun, die in ihren beruflichen Rollen handeln. In ihren beruflichen Interaktionen erleben sie sich, begegnen anderen und zwischen ihnen entfalten sich Kontakt- und Beziehungsmuster. Die Ziele der Einrichtung verbinden sich mit den je persönlichen Auffassungen, Werthaltungen, Normen und Perspektiven der einzelnen oder wirken in der Zusammenarbeit mit den anderen Menschen in diesem System.

- Wie werden die eigenen Grundeinstellungen zu den Zielen, Produkten und Leitbildern des Systems in Verbindung gehalten?
- Gibt es ein hohes Maß an Übereinstimmung und Schnittmenge oder werden Diskrepanzen zu Belastungen und Konflikten?
- Wie ist das Klima des Zusammenwirkens, was spiegelt es vom Gesamtsystem oder von einer bestimmten Etage im System?

- Jeder einzelne ‚muß damit fertig werden'. Wie ist auf dieser Ebene die Balance zwischen Flexibilität und Stabilität im individuellen und und im beziehungsmäßigen Zusammenhang?
- Welche Seite ist übergewichtig, welche Ausgleichsgewichte bilden sich ersatzweise für fehlende Balance? Ausfälle der MitarbeiterInnen durch Krankheit können beispielsweise ein solches Symptom sein.

Auf dieser Ebene wirken auch die Systeme hinein, aus denen die MiterarbeiterInnen kommen. Die Kontexte können nicht (immer) an der Haustür zurückgelassen werden. Hier zeigt sich besonders, wie die einzelnen bewältigen und wie sie die Anforderungen und deren Erfüllung und Nicht-Erfüllung verdauen. Die Quellen und Muster zur Bewältigung, die in früheren biografischen und beruflichen Systemen erlernt wurden, sind auf jeden Fall auf der individuellen und psychosozialen Arbeitsbeziehungsebene wirksam.

3.4. Der Vorratskeller

Auch das System selber hat im ´Laufe des Lebens` Bewältigungs- und Verdauungsmuster entwickelt. Die Systemkultur hat hier den Vorratskeller für Wege, Weichen und Pfade zum Umgang mit Stabilität und Flexibilität, mit Selbständigkeit, Anpassung und Vor-reiterei. Ist es eine Kultur der

1. Beschwichtigung und Bagatellisierung
2. Anklage und Verteidigung
3. Rationalisierung und Rechtfertigung
4. Ablenkung und Diffusität
5. Ausgewogenheit und Vernetzung

Virginia Satir hat fünf entsprechende Kommunikationshaltungen in Beziehungen und den zugrundeliegenden Lebens-Leitsätzen und Bewältigungsmustern beschrieben. Fritz Riemann hat vier Grundängste und deren Bewältigung in Beziehungen und Lebenssystemen markiert. Beide Ansätze sind auf das Grundwesen von sozialen Systemen übersetzbar und liefern damit eine gute Landkarte für den Coach, um sich im Gelände der Diagnostik und Intervention im Systemzusammenhang zu orientieren.

Der Coach muß sich auf dieser Ebene auskennen, um in den darüberliegenden Etagen Manches zu verstehen, was dort von der Balance oder Nicht-Balance aus sich selbst heraus nicht zu entdecken ist.

3.5. Das Treppenhaus

Nun wird sich zeigen, ob der Coach eine „Treppenhauskompetenz“ hat. Kann er mit seinen Wahrnehmungen und Resonanzen aus dem Erdgeschoß in die Etage der Alltagspragmatik aufsteigen, ohne sich auf seine Diagnose der Arbeitsbeziehungen festzulegen, sondern diese als Hintergrund auf seiner „diagnostischen Halde“ zunächst ruhen zu lassen?

- Wie ist die Ausgewogenheit zwischen Stabilität und Flexibilität auf der Ebene der Alltagspragmatik?
- Was zeigt sich auf dieser Ebene von der zugrundeliegenden Arbeitsbeziehungsebene und was zeigt sich von der darüberliegenden strukturellen Etage?
- Wie ist der Alltagsablauf eines ganz normalen Systems-Alltags in den unterschiedlichen Subsystemen und auf den hierarchischen Stufen der Einrichtung?

Besonderes Augenmerk ist der Mitarbeiterschaft zwischen Beziehungs-Ebene und Alltagspragmatik gewidmet.

- Wo haben Konflikte ihre Quelle, ist es Über- oder Unterforderung im Alltag – oder ist es die Bewältigung einzelner dieser Anforderungen in den Arbeitsbeziehungen?
- Gehören die Konflikte zur Bearbeitung auf die Beziehungsebene oder bedarf es Veränderungen in den Regelungen des Alltagsverlaufs im System?

Wenn es auf der Alltags-Regelungs-Ebene liegt, dann ist zu schauen, wie ist in diesem System auf dieser Ebene die Balance zwischen Stabilität und Flexibilität?

Was ist eventuell übergewichtig und wie wird ein Ausgleichsgewicht zur Kompensation gebildet?

Ein Beispiel – Urlaubszeiten

Die Regelung der Urlaubszeiten ist rigide und starr – aus welchem Grund auch immer. Es ist wahrnehmbar, dass die Kontinuität der Leistung abfällt und an den Produkten häufig Mängel in der Endkontrolle sichtbar werden, und dieses Phänomen tritt immer zwischen der Urlaubsplanung des Betriebes bis nach Ablauf der Urlaubszeit auf. Oder das Beispiel andersherum: die Regelung der Urlaubszeiten ist locker, unverbindlich und durch Spontaneität gekennzeichnet.

Auf der „Etage der Beziehungs-Ebene" wird ein Anstieg von individuellen Konflikten in der beruflichen Interaktion sichtbar, die in überzogener, nicht angemessener Weise agiert werden. Hier liegt es einerseits an der Nichtausgewogenheit zwischen Flexibilität und Stabilität auf der Etage der Alltagspragmatik, und andererseits rutscht die Bewältigung dieses Problems auf das darunterliegende Erdgeschoß der Arbeitsbeziehungen. Hier ist die Etagengrenze zu durchlässig, nicht starr genug, um das Problem auf der Ursprungsebene zu halten, damit es mit den angemessenen Mitteln der Regelung behoben werden kann.

Dies bedeutet einen erheblichen Energieverschleiß ohne Nutzen, sondern zum Schaden der Einrichtung.

In dem Orientierungsplakat „Das System-Haus" sind weitere Etagen-Rutsch-Themen in Systemen benannt.

Ergeschoß „Beziehung" und Etage der Alltagspragmatik und -problematik sind häufig der Anlaß und der Einstieg für Supervision. Doch auch Coaching wird zur Unterstützung auf diesen Ebenen angefordert. Jedoch ist es erfahrungsgemäß so, dass Coaching seine Anforderung durch das strukturelle Stockwerk erfährt. Dieses Stockwerk ist quasi zuständig, wirksam und verantwortlich für die Statik und Architektur des Systems. Grundregeln und übergeordnete Ablaufplanungen haben hier ihren Sitz.

Coaching ist ein Beratungskonzept, welches nah an der Rolle der MiterarbeiterInnen ansetzt und Rollen-haut-nah interveniert. Es ist deshalb für den Coach wichtig, dass er die Verbindung zwischen Stabilität und Flexibilität auf dieser Etage gut kennt und von dieser Etage aus seine Treppenhaus-Kompetenz nach unten und nach oben entwickelt.

Dies setzt voraus, dass der Coach in seiner Qualifizierung alle Etagen zu diagnostizieren gelernt hat, um auf der strukturellen, rollenorientierten Etage seine Interventionen ansetzen zu können.

Der Weg nach oben im System-Haus führt zum ideologischen Stockwerk des Systems. Ein System kommt nicht aus dem luftleeren Raum. Es hat, ebenso wie Menschen eine Biografie haben, eine System-Biografie. Es wurde gezeugt, entwickelt und wuchs in das Leben der gesellschaftlichen System-Landschaft hinein. Die System-Biografie ist sehr entscheidend für das, was ein System sehen und erblicken kann. Es hat auch seine System-Fesseln aus seiner Geschichte heraus, wie auch seine Ressourcen und Potentiale. Manches System ist Nicht-sehend geworden durch Enttäuschungen oder durch die ständige Schau auf den eigenen System-Nabel.

In der Leitbild-Entwicklung und -Fortschreibung ist einiges der Geschichte des Systems mit sich und im Kontakt zu anderen Systemen wahrnehmbar und diagnostizierbar.

3.6. Der Dachboden – die Rumpelecke

Wie festgefahren oder wie aufgelöst in der System-Identität ist das System derzeit, wenn es um Selbst-Darstellung nach außen und nach innen geht? Dazu kann ein Blick auf den Dachboden in die „Rumpelecke“ sehr hilfreich sein. Welche Gemälde schauen uns da an, Gründer und Nachfahren, Familie und Betrieb, Grundsteinlegungen und System-Taufen. Sind diese System-Bilder abgelegt und wirken (dennoch) weiter? Sind diese Bilder Zeugen einer geheimen Ideologie oder Zeugen von Ideologie-Brüchen?

Es ist auch gut möglich, dass die Rumpelecke nur aus leeren Bilderrahmen besteht, weil die System-Bilder weitergepflegt wurden und in neueren Rahmen ihren Platz auf der ideologischen Etage im System fanden. Würdigung und Wertschätzung der Vergangenheit, Stabilität und Flexibilität in Balance für die Gegenwart und Perspektiven des Systems für die Zukunft, könnte die Leitbildentwicklung und Leitbild-Dynamik in einem solchen System bewirken.

Die Etagen können zunächst in ihrer Polaritätendynamik zwischen Stabilität und Flexibilität betrachtet werden (→ Polaritäten). Ebenso wichtig ist die Prägnanz der Etagen in sich. Wie geschlossen, offen oder anpassungsfähig sind die Grenzen zwischen den Ebenen (→ Grenz-Qualitäten)? Der umfassende (dia-gnostische) Blick (→ Diagnose = hindurch-erkennen) ermöglicht systembezogene Hypothesen und Interventionen.

Der Coach sollte sich auf die Zirkulariät, die wechselseitige Bedingtheit der Ebenen, im System ausrichten. Welche Ebenen sind in Kontakt, welche werden von welcher „übersprungen“, welche Ebene ist nicht „ausgebaut“ und welche ist „überfrachtet“? Diese und noch ganz andere Fragen und Aufmerksamkeits-Richtungen werden auf dem Hintergrund des System-Hauses als Orientierung möglich.

3.7. Beratungs-Stockwerke

Am System-Haus läßt sich verdeutlichen, wie die verschiedenen Beratungs-Ansätze an der Organisations-Entwicklung beteiligt sind, bzw. beteiligt werden können und welches die jeweilige „Einstiegs-Etage“ zum System und der Schwerpunkt der Beratung ist.

Organisations-Entwicklung

- *Organisationsberatung*: Einstieg und Schwerpunkt sind die ideologische Etage und das strukturelle Stockwerk, die Aufmerksamkeit und vor allem das Handeln verjüngt sich nach unten (top-down).
- *Coaching*: Einstieg und Schwerpunkt sind das strukturelle Stockwerk im Kontakt zur Alltagspragmatik über die Rolle des Coach im System.
- *Supervision*: Einstieg und Schwerpunkt sind die Ebene der Alltagspragmatik und/oder das Beziehungs-Erdgeschoß, die Handlung der Supervision verjüngt sich noch oben (bottom-up).

Ausgehend davon, dass alle Ansätze zu jeder Ebene eine Vorstellung, ein System-Gefühl und eine Verbindungsklarheit haben, sind sie doch mit ihren Rollen und Instrumentarien auf unterschiedlichen Ebenen handlungsrelevant.

4. Der Coach in der Begegnung

Im kontraktierten Begegnungsraum des Coaching werden Klient und Coach Gegenüber. Es begegnen sich zwei Menschen, in ihrem Gewordensein, ihren Selbstkonzepten und ihren beruflichen Rollen. Sie kommen nicht aus einem ‚luftleeren Raum', sondern sie sind in Beziehungs-Systemen geworden, haben einiges aus Systemen in sich aufgenommen und befinden sich auch in der jetzigen Begegnung innerhalb eines beruflichen Systems.

Für den zu coachenden Klienten ist bedeutsam, wie der Coach in seiner Frage, seinem Anliegen wirksam wird. Das setzt voraus, dass der Coach auch erkennt, was das Gegenüber hier und heute behandeln will. Dieser Erkenntnisvorgang (Coach) ist ebenso wie der Einbringungsvorgang (Klient) im Begegnungsraum des Coaching nicht unbeeinflusst, sondern immer auch „eingefärbt" mit den eigenen Rollenerfahrungen (Rollenachse) und Systemeinwirkungen (Systemachse).

Ob und in wie weit Projektionen und Involvierungen in den Begegnungsraum einfließen, lässt sich über innere Resonanzen – wenn sie wahrgenommen werden – erschließen. Oft lohnt sich ein Blick in den Rückspiegel. Was holt mich als Coach, was holt mich als Klient gerade wieder ein? Was ist beigemengt aus früheren Erfahrungen? Was überrollt oder überholt mich gerade in dieser Begegnungssituation, mit diesem Thema, dieser Herausforderung oder diesem Problem (→ Identifikationsthermometer).

4.1. Kernfragen professioneller Begegnung

  - Auf welchen Fundamenten steht mein Coaching-Konzept?
  - Aus welchen Quellen wird es gespeist?
- *Systeme*, die meine Geschichte ausmachen

  meine Funktion in Systemen

  Funktionen der Systeme in mir

  Was organisiert sich in mir – wird System?
- *Haltungen*, die mich geprägt haben und in mir fortwirken

  meine (inneren) Einstellungen verkörpern sich über die Haltung im (professionellen) Beziehungsraum

  Haltung ist Grenze/Schnittmenge zwischen Innen und Außen
- *Rollen*, die ich durchlebt habe, die ich eingenommen habe oder einnehmen mußte und *Rollen*, die ich nicht einnehmen durfte, die ich nicht kennengelernt habe
  - Wachstums-/Entwicklungs-Rollen
  - Funktions-/Leistungs-Rollen

Im Beratungskontakt werden Kernaufträge (unbewußt) reaktiviert

- Manches erinnert mein Kopf-Gedächtnis
- Einiges erinnert mein Leib-Gedächtnis
- Vieles bekommt durch Bewegung wieder Aktivierung zur Vergegenwärtigung und ich bekomme Zugang zu meinem Bewältigungshaushalt
- Mein Bewältigungshaushalt ist die Basis für mein professionelles Handeln als Coach

Die beiderseitige Klarlegung der Beimengungen befreit den Begegnungsraum von unnötigen Altlasten und macht ihn frei für das, was es jetzt zu bewältigen gilt. Mal macht es der Coach nur für sich – innerlich – mal macht er es auch offen und auf jeden Fall läßt er sein Gegenüber in den Rückspiegel schauen, wenn es eine Irritation im professionellen Begegnungsraum mit dem eingebrachten Thema gibt.

Zu Beginn der Arbeitsbeziehung – manchmal bereits im Kontraktgespräch – erscheint ein Austausch über die Selbstkonzepte auf der

Rollen- und Systemachse gut und sinnvoll: Woher kommen wir? Was macht uns aus? Welches sind unsere biografischen und berufmäßigen Zugänge in diesem Begegnungsraum und Coachingprozess?

Der Coach muß diese Einfluß-Achsen für sich auf jeden Fall betrachten und reflektieren, damit unzulässige Verknüpfungen auf der Rollen- und Systemachse mit dem Klienten möglichst vermieden werden können. Dazu braucht er auch Informationen über den Rollen- und Systemweg des Gegenübers. Wenn bereits ein guten Kontakt vorhanden ist, kann es auch in einer beidseitigen offenen Art mitgeteilt und angeschaut werden.

Dadurch zeigt sich auch, dass Coaching kein therapeutisches Setting ist, sondern ein Prozess mit gleichwertiger Zuständigkeit und Verantwortung von Coach und Klient. Dabei ist und bleibt der Coach natürlich „Chef des Beratungssettings“ und wird nicht Chef für das System, in dem der Klient arbeitet. Für sein Handeln in seinem System übernimmt der Klient volle Zuständigkeit und Verantwortung.

In unserer Coachingausbildung trainieren die Coaches ein offenes Begegnungsetting auf analoge Weise. Die Skizze (→ Arbeitspapier „Coaching-Konzept“) wird im Raum mit Seilen, Decken und anderen Gegenständen ausgelegt, so dass sie von zwei Menschen begehbar wird. Sie begegnen sich sowohl auf der Rollen- als auch auf der Systemachse. Sie achten auf ihre Resonanzen im Binnensystem Person und teilen sich, soweit es gegenwärtig ist, mit, welcher Rollenhaushalt sich in den Systemen, die sie durchlebt haben, entwickelt hat. Dabei wird immer wieder in den Rückspiegel geschaut, um zu erkennen, wie sich das Erlebte im Selbstkonzept zusammengefügt hat.

4.2. Prozessuales Vorgehen und verantwortliche Handhabung

In der professionellen Zusammenarbeit von Coach und Klient ist dieser Austausch in einer frühen Phase der Arbeitsbeziehungs-Entwicklung für beide die Chance zur Sensibilisierung und zum rechtzeitigen Erkennen von unnötigen Systemverwicklungen im Begegnungsraum.

Die Arbeitsbeziehung wird so zu einer von Altlasten befreiten professionellen Beziehung, die zielorientiert, situativ und kontextsensibel wirksam werden kann.

Die tiefende Wirkung der bewußtmachenden „Hebung“ von Erfahrungen und der analogen Hinführung zur Eigenreflexion – immer bezogen auf die Wirkungen in Beziehungs- und Arbeitssystemen – gebietet einen kompetenten und verantwortlichen Umgang des Coaches. Schließlich konfrontiert er Menschen sowohl mit der Klarlegung dessen, was ist und was geht, als auch mit dem, was nicht mehr geht.und anderer Strategien bedarf.

Wir gehen davon aus, daß der professionelle Coach eine Ausbildung mit psycho-sozialen Kompetenzen hat und sich laufend in Diagnostik und Intervention von Coaching-Prozessen trainieren sollte.

Coaching ist zielorientiert, lösungsorientiert, situativ hinsichtlich des eingebrachten Materials und – nah an der Berufsrolle des Klienten – handlungsunterstützend. Es verbindet, bezogen auf die kontraktierte Zielorientierung, die Betrachtung biografischer und berufsbiografischer Ereignisse (Arbeit mit und an „biografischen Schleifen“). Coaching ist innovativ und interaktiv, es ist ein prozessuales Vorgehen mit dem zu coachenden System.

Für analoge Beratungsansätze sind Kontakt- und Erfahrungsräume erforderlich, die das Erleben in den Vordergrund stellen. Berichte sind immer mittelbar, Gezeigtes ist unmittelbar. Die Verbindung von vermittelndem Bericht und unmittelbaremAusdruck ist essentiell für Coaching mit System.

Über das (wirkliche) Körper-, Beziehung- und Situationserleben werden innere Einstellungen, Verkörperungen in Haltungen und Rollen, Blockierungen und Ressourcen zur Erreichung von Zielen in Systemen verlebendigt und unmittelbar anschaulich.

Wir sind in Systemen geworden was wir sind. Wir haben Bewältigungsstrategien und Lebensmuster entwickelt und in uns geschichtet. Durch Settings, die auf direkte, analoge und ganzheitliche Aktivierung angelegt sind, werden in uns auch Muster spürbar, die unserer bisherigen Wahrnehmung nicht zugänglich waren. In diesem Verlebendigungs- und Vergegenwärtigungs-Vorgang liegt eine große Chance zur

Klarlegung unserer Möglichkeiten und Grenzen. Für unsere Kompetenzentfaltung, für Erfolgs- und Mißerfolgstendenzen in Leben und Beruf.

4.3. Coaching-Kompetenz

Das beinhaltet für uns, daß der Lehrcoach in der Ausbildung von Coaches, ebenso wie der Coach in seiner Beratungs- und Begleitungsarbeit mit Rollenträgern und Subsystemen

- eine gute Kenntnis der eigenen Person und
- stabile Möglichkeiten der Beziehungsgestaltung im Coaching-Prozeß

erworben hat und ständig weiterentwickelt.

Weiterhin muß der Coach mit seiner Rolle strukturell klar umgehen, Strukturierungen im Prozeß entwickeln und durchhalten (*Bewache deine Intervention*) können.

Er sollte einen gut gefüllten Methodenkoffer für Diagnose, Intervention, Settings und Medieneinsatz haben.

Zu all dem benötigt er ein gutes „Gespür“ für das, was gerade im Prozeß einerseits erforderlich und andererseits leistbar ist.

4.4. Methodisches

In unserem Konzept sind auch niederschwellige Einstiege zu finden. Viele Erfahrungsräume und Experimente gehen jedoch auf die Komplexität der beruflichen Wirklichkeit ein und sind, in der Anforderung sich wirklich einzulassen (→Commitment) als höherschwellig anzusehen. Die meisten Übungen sind nicht dazu geeignet, sie unvorbereitet oder zwischen Tür und Angel anzuwenden.

Auf diesem Hintergrund ergeben sich

- die klaren Konstellationen in der Vorgehensweise:
  1. Einzelarbeit
  2. Arbeit in Dyaden (A/B)
  3. Arbeit in Triaden (A/B/C)

- und das strukturierte Ankoppeln an das jeweilige Gesamtsystem mit konsequenten Fragestellungen und Aufmerksamkeitsrichtungen.

Sie gewährleisten die erforderliche Sicherheit bei der Hebung, Aufbereitung, Verdauung und Perspektiventwicklung von persönlichem Material in der beruflichen Rolle.

Dieser Coaching-Ansatz ist nicht schwerfällig, *Tiefe muß nicht schwer sein.* Er ist flexibel im Kontakt zu Systemen und ihrem Bedarf, der von leitenden und mitwirkenden Rolleninhabern artikuliert wird. Allerdings braucht es für Coaching mit System

- eine gute Handwerklichkeit im Blick auf die Anwendungs-Technik,
- eine Herzlichkeit für die menschlichen Ungereimtheiten und Verwicklungen in Systemen und
- einen klaren Kopf für die erforderliche Vernetzung realer Möglichkeiten mit Perspektiven und Visionen
- eine gute Sensibilität und Einschätzungsfähigkeit für das, was der Klient *jetzt* leisten kann, worin er überfordert ist und was er an „Aufbau-Nahrung" braucht, um gesetzte Ziele zu realisieren.

Teil III – Coaching-Praxis

Heinrich Fallner/Michael Pohl

Die Besonderheit sozialer, d.h. menschlicher Systeme besteht in ihrer Fähigkeit zur Selbstreflexion, sowie der Fähigkeit, Symbole zu schaffen, diese aufzunehmen und zu interpretieren.[76]

Im Praxisteil dokumentieren wir erstens exemplarische Anwendungen von Coaching mit System, die wir in verschiedenene Bereichen durchgeführt haben *(Live-Berichte)*. Wir beschreiben zweitens eine Auswahl oft erprobter analog-systemischer Übungen unterschiedlichen Kompexitätsgrades. Im dritten Abschnitt stellen wir einige unserer Konzeptions- und Arbeitspapiere vor. Wir laden die LeserInnen ausdrücklich ein, die Arbeitspapiere für den Seminargebrauch zu vervielfältigen – unter Angabe der Quelle, versteht sich.

Erläuterungen zur Anwendung

Manche der hier vorgestellten Übungen und Settings sind leichtgängig und situativ flexibel in vielen Beratungs-, Trainings- und Ausbildungssituationen einsetzbar. Andere sind sehr komplex und werden sinnvollerweise nur eingesetzt, wenn genügend Zeit zur Verfügung steht.

Generell sind jedoch einige Punkte zu beachten, wenn die Methoden ihre volle Wirksamkeit entfalten sollen:

- Um wirkliche Beteiligung zu erreichen, werden die TeilnehmerInnen explizit um ihr Einverständnis gebeten. „Wir schlagen Ihnen ein Experiment im analogen Erfahrungsraum vor. Möchten sie sich darauf einlassen?" Dieser kleine, aber entscheidende Kontraktierungsschritt erzeugt Verbindlichkeit. Ohne die innere Bereitschaft, sich auf den jeweils nächsten Schritt einzulassen und ihn zu tun – also Commitment – funktionieren die Methoden nicht oder sie bleiben oberflächlich. Falls die Kontraktfrage mit Ablehnung oder deutlicher Skepsis beantwortet wird, empfiehlt es sich, zunächst auf den gewohnten Ebenen (Sprache, Dialog) zu arbeiten.

- Die Bedeutung des Settings. Es ist wesentlich, Struktur und System der Methoden – vor allem die konsequente Trennung in analoge und digitale Phasen – einzuhalten. *Etwas unbewußt tun und es bewußt tun, hat eine andere Qualität.* Die Form verändert die Inhalte und ermöglicht es, ihnen auf eine andere, tiefergehende Art näher zu kommen. Die Schaffung und Einhaltung der Struktur ermöglicht Kreativität und begrenztes Chaos. Das Motto lautet: klares Setting – und dann los.
- Die Grundlage (→) szenischen Verstehens und Arbeitens ist das Denken und Kommunizieren in Bildern. Linke und rechte Gehirnhälfte werden angesprochen. Es entstehen andere und zusätzliche Ansätze des ‚Aus-Drucks', als es rein verbale Methoden ermöglichen. Dadurch sollen reine Gesprächssituationen nicht aufgehoben werden, sondern um wesentliche Reflexionsansätze und -inhalte angereichert und erweitert werden. Für die sprachliche Auswertung gilt immer der Satz von Augusto Boal: „First describe whatever you see, then interpretate!"

Das Coaching-Seil

Grundsätzlich kann alles im jeweiligen Raum Vorhandene zum Medium werden. Bewährt haben sich besonders einige leicht zu handhabende Medien, die vielseitig einsetzbar sind und die stets zur Hand sein sollten: das Coaching-Seil, der Coaching-Stab und der Coaching-Ball.

Das Coaching-Seil ist 3m lang und aus weichem biegsamem Material. Bei seinem Einsatz sind der Fantasie keine Grenzen gesetzt. Es regt an zum Verbinden, Verknüpfen, Begrenzen, Umschlingen, Balancieren, Ziehen, Verknoten, u.v.m. Einige typische Anwendungsmöglichkeiten wie Auslegungen, Wegmarkierungen und Interaktionssequenzen werden in den Live-Berichten und Übungen geschildert.

Der Coaching-Stab ist ca. 100 cm lang, hat einen Durchmesser von 2,5 cm, ist aus Kunststoff und an den Enden abgerundet. Er symbolisiert beispielsweise die starre, stabile Verbindung in der Polarität zu Seil oder wird für Führung genutzt. Der Coaching-Ball sieht aus wie ein handelsüblicher Tennisball – das liegt daran, daß es ein handelsüblicher Tennisball ist. Er eignet sich besonders zum Experimentieren in Grenz- und Krisensituationen (→ Trackball).

Arbeit mit dem Coaching-Seil

1. Live-Berichte

Kreatives Coaching und Gestaltungsausbildung

Ausgangslage: Ein Coaching-Tag im Rahmen einer Seminarreihe „Wissenschaftliche Grundlagen der Ästhetik" und „Meilensteine der Ästhetik" an einer Fachhochschule mit 18 StudentInnen des Fachbereichs Design.

Ziel: Berufsbezogene Wahrnehmungsschulung: die eigene Person im sozialen Umfeld als Grundlage der Produktgestaltung. Vorbereitung auf nachhaltige Arbeitsmarktfähigkeit.

Methoden: Arbeit mit Stand-, Bewegungs- und Sprachbildern (→ Skulpturen als Coaching-Methode)

Nach der Vorstellung gibt der Coach eine kurze Einführung: „Sie werden von mir keine langen Vorträge hören. Ich arbeite nach dem Konzept der Schaffung von Erfahrungs- und Handlungsräumen. D.h. ich biete Ihnen kreative Wahrnehmungsübungen an und Sie können Sie nutzen. Wir werden diese Übungen hinterher auswerten und ich werde dann noch Einiges zum theoretischen Kontext sagen und es wird Gelegenheit zur Diskussion geben.

Das übergreifende Thema ist die Gestaltung von Arbeitsbeziehungen: Menschen in Strukturen. Menschen im Umgang miteinander und mit sich selbst. (Plakat) Heutzutage wird allgemein beklagt, daß uns „soziale Kompetenz" abhanden gekommen ist. Gemeint ist die Fähigkeit, mit Menschen, uns selbst eingeschlossen „richtig", d.h. angemessen, umzugehen. Daher ist es wichtig, sich immer wieder die Frage zu stellen:

Was passiert mit den Menschen im Zeitalter der Digitalisierung? Diese Frage stellt sich überall: im Berufsleben, in der Wirtschaft, in Verwaltung und Politik, im hochtechnisierten Alltag und natürlich auch in Kunst und Design – insbesondere im Arbeitsleben.

Ein wichtiges Feld sozialer Kompetenz – und hier sehe ich eine Schnittmenge zum Ihrem Fach, zum Design – ist Kommunikation. Wenn die Rede von Kommunikation ist, werden heute sehr unterschiedliche Bereiche und Ebenen darunter verstanden. Es gibt den immer wichtiger werdenden Sektor der Telekommunikation, es gibt ästhetische Kommunikation, es gibt Werbung als Kommunikation. Ich nehme daher einen Konkretisierungsschritt vor. Wir werden uns heute mit analoger und digitaler Kommunikation im direkten menschlichen Kontakt beschäftigen.

Was verstehen wir genau unter digitaler und analoger Kommunikation?

„Menschliche Kommunikation bedient sich digitaler und analoger Modalitäten. Digitale Kommunikationen haben eine komplexe und vielseitige, logische Syntax, aber eine auf dem Gebiet der Beziehungen unzulängliche Semantik. Analoge Kommunikationen dagegen besitzen dieses semantische Potential, ermangeln aber der für die eindeutige Kommunikation erforderlichen Syntax.“[77]

Vorstellungsrunde 1 – digitales Kommunikationsverständnis

Alle TeilnehmerInnen stellen sich wie folgt in verbaler Form vor: „Ich bin ... (Name) und Kommunikation bedeutet für mich in erster Linie ...“

Coach: „Richten Sie jetzt bitte ihre Wahrnehmung auf sich selbst. Nehmen Sie wahr: Wie habe ich mich in dieser Runde vorgestellt? Wie habe ich kommuniziert? Wie geht es mir jetzt?“

Vorstellungsrunde 2 – analoger Kommunikationszugang

„Nun eine zweite Runde: Stellen Sie sich noch einmal vor. Sagen Sie ihren Namen, stehen Sie auf und machen Sie eine Kommunikationsgeste. Keine Sorge, Kein Streß. Auch keine (bewußte) Geste ist eine Geste. Es ist nicht möglich nicht zu kommunizieren. Nehmen Sie einfach den ersten Gedanken. First thought, best thought.“

Die TeilnehmerInnen sagen noch einmal ihre Namen, stehen diesmal dabei auf und präsentieren pantomimisch ihre jeweils individuellen Vorstellungsgesten.

„Sie haben jetzt etwas von sich gezeigt. Richten Sie die Wahrnehmung wieder nach innen: Wie habe ich mich jetzt vorgestellt? Wie geht es mir? Wie ist der Unterschied zur ersten Runde?

Nun ein Beispiel für verschiedene Kommunikationsebenen. Getreu dem Grundsatz: ‚Nehmen Sie bei der Auswahl von Beispielen das möglichst Naheliegende, das mit Ihnen zu tun hat', wähle ich dazu die Varianten, in denen ich Ihnen das Thema vermitteln kann. Dieses Seminar heißt „Grundlagen der Ästhetik" – und ich will Ihnen etwas nahebringen. Das was ich vermitteln möchte, muß ich ausdrücken, kommunizieren. Dazu gibt es verschiedene Möglichkeiten:

- Ich kann es erstens kompliziert und wissenschaftlich ausdrücken, dann könnte es z.B. heißen: „Design und Körper aus der Perspektive angewandter Sozialwissenschaft – subjektives Erleben im situativen Kontext als Quelle der Konstruktion von Wirklichkeit".
- Ich kann es zweitens ganz alltagssprachlich-pragmatisch ausdrükken, dann heißt das Thema: „Wahrnehmen – Vergegenwärtigen – Ausdrücken".
- Und ich kann drittens ein analoges Feld schaffen, in dem die sprachliche Ebene erst ersetzt und dann ergänzt wird. Weil das die wirksamste und anschaulichste Möglichkeit ist, möchte ich Sie jetzt zu dieser dritten Variante einladen:

Selbstwahrnehmung im sozialen Raum

„Bitte stellen Sie ab jetzt für einen begrenzten Zeitraum die Sprache ein und stehen Sie auf. Nehmen Sie Ihren Standpunkt wahr. Nehmen Sie Ihren Standpunkt bewußt ein. Wer will, kann die Augen schließen. In jedem Fall konzentrieren Sie sich auf sich selbst. Nehmen Sie ihren Körper wahr, Ihren Standpunkt, Ihren Atem, usw. Zunächst von innen: spüren Sie Ihren Körper, Ihre Verspannungen, Ihre Energien ... .

Dann richten Sie Ihre Wahrnehmung – immer noch mit geschlossenen Augen – auf Ihre Grenze zur Außenwelt. Wie fühlt sich Ihre Haut an? Wie die Kleidung? Wenn Sie wollen, können Sie Ihre Hände benutzen, um etwas von sich zu fühlen. Wozu haben Sie Kontakt? Was spüren Sie von der Luft, vom Boden, von Temperatur und Energie hier im Raum?

Öffnen Sie jetzt die Augen und richten Sie Ihre Aufmerksamkeit auf sich im sozialen System in diesem Moment. Vergegenwärtigen Sie sich jetzt, daß Sie hier im Seminar in Raum 020 der FH Bielefeld mit 18 anderen Menschen sind und nehmen Sie wahr, was im Moment in Ihnen vorgeht: Gedanken, Gefühle, Assoziationen, Bilder.

Selbstskulptur

Welche Impulse nehmen Sie in sich wahr? Bringen Sie jetzt das innere Bild bzw. den Impuls in einen körperlichen Ausdruck, egal ob Sie im Moment Worte dafür haben oder nicht. Bilden Sie eine Skulptur. Experimentieren Sie ein wenig und bleiben Sie dann in der gewählten Haltung. Sichern Sie Ihre Wahrnehmung und spüren Sie in die Körperspannung. Wo ist die Energie?

Nehmen Sie dann innerlich – zunächst nur für sich selbst – einen Digitalisierungsschritt vor und suchen Sie nach Worten oder Sätzen zu ihrer Selbstskulptur, geben Sie ihr einen Namen."

Skulptur und Interaktion

Die Selbstwahrnehmung ist wesentlicher Ausgangspunkt der Interaktion. Anweisung Coach: „Finden Sie sich jetzt zu zweit zusammen, verteilen Sie sich im Raum und zeigen Sie sich gegenseitig Ihre Skulpturen nach folgender Systematik:

A nimmt – immer noch ohne Worte – seine Haltung ein und B ahmt sie so detailgetreu wie möglich nach. Wahrnehmung in der Haltung sichern. Dann umgekehrt: B zeigt seine Skulptur, A stellt sie nach. Wieder Wahrnehmung sichern: Was habe ich gesehen? Was habe ich gespürt? Wie ging es mir als Modell mit meinem eigenen Körperdesign? Wie war es, den anderen nachzustellen?

Gehen Sie jetzt auf die digitale Ebene und tauschen Sie sich aus, teilen Sie auch mit, wie Ihre Skulptur hieß."

Skulptur und interaktives Design

„Jetzt bilden Sie bitte Dreiergruppen und legen Sie fest, wer A,B und C ist. A ist das Modell – B ist die Designerin – C ist das Material. A stellt sich hinter C, so daß diese/r ihn nicht sehen kann und bringt sich in seine anfängliche Selbstskulptur. B ist Designerin, nimmt zunächst die Gestalt von A aufmerksam wahr und designt C digital-verbal in die Gestalt von A, d.h. sie gibt so lange detaillierte Anweisungen – nur mit Worten, ohne Gesten, bis das „Material" in der exakt gleichen Haltung ist wie das Modell.

Nach dem Prozeß nehmen Sie sich bitte Zeit, die Wahrnehmung zu sichern Tauschen Sie sich dann sprachlich über ihre Erfahrungen aus. Wie war es, passiv gestaltet zu werden? Wie leicht oder schwierig war es, das Material nur mit Worten zu dirigieren?"

Dann zirkulärer Rollenwechsel, so daß jedes Gruppenmitglied einmal jede Rolle innehatte. Zum Abschluß jedes Prozesses Erfahrungs- und Erlebnisaustausch.

Schließlich das Gleiche noch einmal in der analogenVariante: die jeweilige Designerin darf keine Worte benutzen und bringt C ausschließlich mittels Berührungen und Gesten „in Form".

Systemskulpturen in Großgruppen

Die Gruppen werden aufgelöst und die Gesamtgruppe wird aufgefordert, sich in drei Gruppen a sechs Personen aufzuteilen: Die erste ist das Modell-Team, sie stellt Ihre Einzelskulpturen und setzt Sie zueinander in Beziehung, so daß eine Teamskulptur entsteht. Die zweite Gruppe (B) ist das Material-Team. Die (C) dritte ist das Design-Team. Sie formt das Materialteam (B) nach dem Bilde des Modellteams (A).

Variante 1 – verbal, nur mit Worten. Jeder aus der Design-Gruppe gibt der Reihe nach eine Anweisung.

Variante 2 – analog, nur mit Gesten und Berührungen. Jede Designerin führt reihum eine Intervention durch.

Bevor die Gruppenskulpturen aufgelöst werden, findet jede Gruppe einen Titel für die Skulptur und benennt diese entsprechend.

Auswertungsfragen: Was habe ich erlebt? Wie wirkten sich die beiden Kommunikations- und Gestaltungsmodi aus? Dann Gruppendiskussion unter dem Fokus: wie haben sich verbaler und nonverbaler Ausdruck unterschieden bzw. ergänzt. Welche Unterschiede waren in den verschiedenen Komplexitätsstufen erfahrbar? Welche Erkenntnisse wurden gewonnen?

Abschließend: Stellen einer Gesamtskulptur.

Wahrnehmung als Voraussetzung von Gestaltung (Tafelbild)

- Kontakt zu sich selbst ist gleichermaßen Voraussetzung für bedeutsamen Kontakt zu anderen und zur Umwelt, wie Voraussetzung für gültigen Ausdruck und Gestaltung
- Wahrnehmungsschulung erfordert die Unterscheidung zwischen beschreiben und interpretieren, die immer wieder vertieft werden muß.
- Häufiges Vergegenwärtigen durch Wiederholungen im wechselnden Kontext entwickelt Bewußtheit
- Kommunikation geschieht in zwei Grundformen: analog und digital. Bewußtseinsbildung verläuft nicht nur über die Kognition, sondern auch wesentlich über Analogie. Analoge Ausdrucksformen bleiben 5-10mal länger im Gedächtnis als digitale.
- Coaching und Supervision als professionelle Gestaltung zwischenmenschlicher Interaktion und Design als Gestaltungsprozeß beruhen auf sehr ähnlichen Abläufen.

Kontakt und Bewegung

Thema: Veränderung, Beschleunigung und Beständigkeit

Unter Bezug auf das Tafelbild und aufbauend auf den oben geschilderten Erfahrungen ist das Thema jetzt: der Mensch in industriellen und vorindustriellen Systemen. Der Mensch zwischen Bewegung und Stillstand. Ich zwischen Bewegung und Stillstand.

Raumkontakt in Bewegung
Anweisungen des Coaches: „Gehen Sie bitte durch den Raum ohne zu sprechen: gehen Sie eine Weile und nehmen Sie dabei Ihre Umgebung wahr. Was sehen sie? Vergegenwärtigen Sie sich die Einzelheiten dieses Raumes, ihres momentanen Kontextes. Den Fußboden. Die Wände. Die Einrichtung. Die Fenster. Was ist draußen? Nehmen Sie es einfach wahr und speichern Sie es bewußt.

Kontakt zur Fremdwahrnehmung
Jetzt nehmen Sie – immer noch ohne Worte – die anderen Menschen in diesem Raum wahr. Nehmen Sie objektiv beschreibbare Einzelheiten wahr. Größe. Augenfarbe, Kleidung, Bewegung. Nur die objektiven Fakten. Bleiben Sie in Bewegung und sehen Sie sich gut um.

Selbstkontakt
Jetzt lenken Sie bitte Ihre Aufmerksamkeit auf sich selbst. Wie gehen Sie durch den Raum? Wie atmen Sie? Wie halten Sie Ihren Kopf? Ihre Hände? Wie ist Ihr Bodenkontakt? Spüren Sie Verspannungen? Tut etwas weh? Was fühlt sich gut an? Nehmen Sie sich im situativen Kontext und im sozialen System Seminargruppe wahr. In Bewegung.

Bewegungsvarianten
Probieren Sie jetzt verschiedene Arten sich zu bewegen aus. Unterschiedliche Gangarten. Verlangsamen Sie Ihre Bewegung, werden Sie immer langsamer bis Sie sich wie in Zeitlupe bewegen und fast zum Stillstand kommen – aber nur fast. Beschleunigen Sie jetzt wieder und gehen Sie schnell durch den Raum. Eilig. Hastig. Gehetzt. Achten Sie darauf, sich nicht zu verletzen. Finden Sie zu Ihrem ursprünglichen Tempo zurück und nehmen Sie wahr: Wie ist mein momentanes Tempo? Probieren Sie jetzt aus, sich möglichst weich und fließend zu bewegen. Gehen Sie jetzt eckig, steif und maschinell. Werden Sie zum Roboter. Experimentieren Sie und wechseln Sie ein paarmal zwischen fließend und eckig. Nehmen Sie den Unterschied wahr.

Bewegung in den verschiedenen Epochen

Gehen Sie jetzt weiter und begeben Sie sich auf eine Zeitreise. Sie sind jetzt in der vorindustriellen Zeit. Es gibt Handwerker, Bauern, adlige Nichtstuer, Windmühlen. Was meinen Sie, wie die Menschen sich damals bewegt haben? Probieren Sie es aus, experimentieren Sie ... . Nun kommen Sie ins Industriezeitalter, es gibt Dampfmaschinen, Elektrizität und Fließbandarbeit. Was meinen Sie, wie haben sich die Menschen bewegt? Versuchen Sie, es auszudrücken ... . Nun sind Sie im ausgehenden 20. Jahrhundert. In der postindustriellen Gesellschaft gibt es Atomkraft, Weltraumfahrt, Fernsehen, Computer und Telekommunikation. Wie bewegen sich die Menschen jetzt? Drücken Sie es aus. Experimentieren Sie.

Bewegung und Stillstand – Die Säule

Kommen Sie dann langsam zum Stillstand und lassen sie die Eindrücke in sich nachklingen: die Beschleunigung, die Verlangsamung, die Bewegung. Bewegen Sie sich noch ein wenig im Stehen und entwickeln Sie dann langsam die innere Vorstellung einer Säule. *Die Säule als Symbol der Beständigkeit, als wichtigstem vorindustriellem Prinzip.* Stellen Sie sich vor, Sie sind eine Säule, finden Sie die passende Haltung und bewegen Sie sich zwei Minuten lang nicht. Atmen Sie ruhig weiter, achten Sie auf Verspannungen, aber stehen sie still. Nehmen Sie wahr, wie sich das anfühlt?

Kommen Sie langsam wieder in Bewegung und gehen Sie noch einmal durch den Raum, experimentieren Sie noch einmal kurz und finden Sie die Bewegungsart und Geschwindigkeit, die am besten zu ihrem momentanen Erleben paßt ... werden Sie dann noch einmal zur Säule: beständig, steinern, tragend. Entspannen Sie sich, lockern Sie ein wenig den Körper, kommen Sie wieder langsam in Bewegung.

Was hat das Thema mit mir zu tun?
Digitaler Erfahrungsaustausch in Dreier- bzw. Vierergruppen: Was habe ich gespürt und erlebt? Was habe ich gedacht? Wie ging es mir dabei?“ Austausch im Plenum zu der Frage: Was hat das Thema mit

mir zu tun? Wie sieht es in meinem Leben, in meinem Studium mit Stillstand und Bewegung aus?

Prozeßschritt	Coaching/Supervision	Design
1. Wahrnehmung	Ich nehme wahr /Ich sehe (video)	
2. Bewußtheit	Ich spüre die Wirkungen des Systems auf mich	Ich spüre die Wirkungen der Umwelt auf mich
3. Verarbeitungsprozeß	Ich habe Resonanz, in mir schwingt etwas mit	
4. Kontakt und Ladung	Ich habe einen Impuls zum Handeln	
5. Handlung/Aktion	Ich interveniere	Ich gestalte Produkte

Verlauf des Erkenntnis- und Produktionsprozesses:

- Erinnern – Vergegenwärtigen – Benennen. (Wenn an vorhandenem Material gearbeitet wird)
- Wahrnehmen – Vergegenwärtigen – Ausdrücken (Wenn mit neuem Material gearbeitet wird)
- Bewußtheit und Kontakt sind zentral sowohl für Gestaltungsprozesse im Design als auch in Supervision und Coaching
- Sinn der Arbeit mit dem eigenen Körper: Alle Erfahrungen sind ver-körpert, das heißt: im Körper als Erinnerungen gespeichert. Sie können also über analogen Ausdruck abgerufen werden. *(Feldenkrais, Perls, Boal, Fallner)*

Präsentationen I – Meine vier Seiten

Ausgangsfragen: Wie komme ich in die Mitte? Wie werde ich sichtbar am Markt? Was habe ich im Angebot?

Körperlich-beweglicher Einstieg ohne Worte: Je 5 TeilnehmerInnen bilden eine Gruppe. Eine Person (A) stellt sich in die Mitte. Die anderen (B,C,D,E) positionieren sich an den vier Seiten von A: B stellt sich links von A, C stellt sich rechts von A, D stellt sich vor A, E stellt sich hinter A. Wahrnehmungsphase: B,C,D und E konzentrieren sich ganz auf die jeweilige Seite von A und nehmen sich eine Minute Zeit, um ihre direkte Resonanz darauf zu spüren. Jeder entwickelt innerlich daraus ein Wort und eine Geste.

Auf Anweisung von A („jetzt!") treten alle einen Schritt von A weg, sagen ihre Worte, zeigen ihre Gesten und bleiben einen Moment in der Position. A hat die Gelegenheit, die Spiegelung seiner vier Seiten zunächst von innen zu sehen. Dann tritt A aus der Mitte und betrachtet die Resonanzskulpturen von außen.

In vier weiteren Durchgängen wechseln die TeilnehmerInnen zirkulär die Positionen. Als nächstes geht B in die Mitte, dann C usw. Danach Austausch zu den fragen: Was habe ich erlebt? Was habe ich Neues entdeckt? Worüber bin ich erschrocken? Was hat mich überrascht?

Variation: Umfangreiche Resonanz

Wenn die Gruppe größer ist, z.B. im Coaching-Training, besteht die Möglichkeit für Einzelne, sich von der Gesamtgruppe Resonanz geben zu lassen. Wer das möchte, geht in die Mitte und die anderen TN verteilen sich auf die vier Seiten. Die Gesamtrückmeldung bietet dann für die Person in der Mitte ein sehr reichhaltiges Spektrum.

Präsentationen II – „Anziehungskräfte"

Erweiterung der „vier Seiten" für Freiberufler, Kleinstunternehmer und alle, die für sich am Markt darstellen wollen: *„Ich bin eine lebendige Akquise – welche Anziehungskräfte habe ich?"*

Jeder Teilnehmer hat 20 Minuten Zeit, anhand des vorhandenen Materials (Flipchartbögen, Ölkreiden, Filzstifte, Klebeband, Kärtchen usw.) seine vier Seiten (z.B. als Coach) zu gestalten. Die Art der Gestaltung ist nicht vorgegeben, der Phantasie sind keine Grenzen gesetzt (Malen, Schreiben, sich Plakate umhängen, sie auf den Boden legen ...).

In Fünfergruppen präsentieren die TeilnehmerInnen nacheinander ihre vier Seiten und stellen sich – im wahrsten Sinne des Wortes – dazu. A beginnt, B,C,D und E gehen zu der Seite, die sie am meisten anzieht und erläutern, worin die Attraktion für sie besteht.

Variation: Umfangreiche Resonanz

Es besteht die Möglichkeit, von der Gesamtgruppe zu erfahren: „Wie ist die Attraktivität meiner professionellen Seiten, die ich zeige, beschaffen?“ Wer will, geht in die Mitte, präsentiert seine Seiten und steht dazu. Die anderen TeilnehmerInnen nehmen wahr, welche Seite sie am meisten anzieht, verteilen sich entsprechend und geben der Person in der Mitte nach Aufforderung Resonanz in Worten und Gesten.

Für das „sichtbar werden“ in der Akquise können die Erfahrungen resümmiert werden: „Was sind meine vier Schlüsselworte?“ Für den zukünftigen self-support gilt dann: „Meine vier Seiten sind wie vier Coaches“.

Präsentationen III – „Visitenkarte"

Ein Beispiel aus dem Team-Coaching mit WirtschaftsstudentInnen

„Jede/r nimmt sich jetzt ein Blatt Karton oder Papier (DIN A4) und faltet es zweimal, also auf Postkartengröße.“ Der Coach zeigt ein vorbereites Exemplar, während er die Übung weiter erläutert:

„Nun überlegt sich jede/r ein Symbol für seine momentane Situation. Das malen Sie auf die Vorderseite. Auf die Rückseite schreiben Sie einige Fakten über sich: Name, Semester, Wohnort, Herkunftsort, ich studiere Wirtschaft weil: .... Auf die Innenseite links kommt eine Rubrik: Was sind meine Stärken? Innenseite rechts: Was sind meine kleinen Schwächen?

Bevor Sie beginnen, nehmen Sie sich etwas Zeit. Achten Sie darauf, wie Sie sitzen, wie Sie atmen und fangen Sie mit dem Symbol an. Wenn Sie wollen, schließen Sie kurz die Augen, um herauszufinden, welches Symbol hier und in diesem Moment gerade zu ihnen paßt. Sie haben 10 Minuten Zeit.

Dann setzen Sie sich mit dem Nachbarn zusammen und stellen sich anhand der Visitenkarte gegenseitig vor. Vorgabe – also kommunikationspflichtig – ist die Vorstellung des Symbols und der Daten. Was von dem anderen Sie Ihrem Partner mitteilen möchten, bleibt Ihnen überlassen. Nehmen Sie wahr, wie Sie sich entscheiden.

Sie haben zehn Minuten Zeit. Kommen Sie kurz miteinander ins Gespräch."

Nach einer kurzen Runde: „Was war für mich interessant? Wie habe ich mich entschieden?" Stellt im Plenum jeder seinen Partner anhand der erhaltenen Informationen in der Ich-Form vor.

Erweiterungsvariante

In Trainingsgruppen kann die Übung je nach Phase im Prozeß und je nach Situation variiert oder erweitert werden. Die Visitenkarte kann mehrere Informationsfelder haben, z.B.

ich als Person	ich im Beruf
ich in der Familie	ich in der Gesellschaft

Wie präsentiere ich mich derzeit in diesen Systemen, ausgedrückt in jeweils einem Symbol und einem Begriff? Auf welche „Präsentations-Spur" bin ich im Austausch zu zweit gekommen?

Betriebs-Erfahrungen

Coachingeinheiten mit Betriebswirtschaftsstudenten. Ziel: Integration und Reflexion von betrieblichen Erfahrungen und Selbstkonzept. Anwendbar in unterschiedlichen Ausbildungen mit Praxisbezug. Einstieg mit der Übung (→) „Visitenkarte".

„Push & Pull" – Der Umgang mit Druck

Stehen Sie bitte auf, finden Sie sich zu zweit zusammen, stellen Sie sich nebeneinander und haken Sie sich kurz ein. Verständigen sie sich darüber, wer A und wer B ist. Bitte nicht sprechen während dieser Übung. Bleiben sie einen kurzen Moment so stehen. Jetzt beginnt A ein wenig zu ziehen, B bleibt regungslos stehen und nimmt die Situation wahr. Keine Kraftprobe bitte. Experimentieren Sie nur ein wenig und achten Sie dabei auf sich selbst: was für Gefühle kommen bei mir in dieser Situation? Wie geht es mir damit? Jetzt bitte wechseln: B zieht und A bleibt passiv.

Halten Sie kurz inne, probieren Sie dann kurz eine andere Variante: Der entgegengesetzte Vorgang: A übt Druck auf B aus. Wieder keine Kraftprobe. Deuten Sie es an. Andeuten, aber deutlich. Nun wieder umgekehrt: B übt Druck aus und A bleibt passiv.

Auswertung zunächst zu zweit: Wie ist das, wenn an mir gezogen wird? Wie ist es, wenn ich ziehe? Wie reagiere ich auf Druck? Womit komme ich besser klar?

Auswertungsfragen im Plenum: Welche Muster im Umgang mit Druck und Zug sind erkennbar, die auch in Arbeitsbeziehungen wirksam werden?

Life-map – „Eintragungen in meine Lebenslandkarte"

Material: Papier DIN A2 und DIN A4, Filzstifte oder Ölkreide, Spielsteine.

Treten Sie bitte in Kommunikation miteinander und bilden Sie drei Vierergruppen. Sie erhalten pro Gruppe ein großes Blatt und pro Person einen Kreidestift. Entscheiden Sie sich in Ruhe für eine Farbe. Jede Gruppe sucht sich ihren Platz.

Lassen Sie nun alles so liegen und wenden sie sich unter dem Fokus ‚Begegnungen in meinem Leben' Ihren Erinnerungen zu: Welche Erinnerung habe ich an Begegnungen seit Beginn des Studiums? – Finden Sie dazu ein Symbol. Gehen Sie dann weiter zurück in die Schulzeit – welches Symbol fällt Ihnen ein? Und dann schauen Sie quasi mit dem Fernrohr in die Kindheit. Welches Symbol fällt Ihnen dazu ein?

Dazu können Sie diesen Raum verlassen, Sie können auf und ab gehen oder sich draußen irgendwo einen Platz suchen. Finden Sie zu jedem der drei Bereiche ein Symbol, das jetzt, hier und heute für Sie passend ist. Nehmen Sie sich dazu ein zweites Blatt (DIN A4) und halten Sie die Symbole fest, um sie ‚nicht zu verlieren'. Sie haben dazu 10 Minuten Zeit – Zeitvergleich.

Beim Wiedertreffen malt jeder seine Symbole irgendwo auf die gemeinsame Kommunikationsfläche, auf das große Blatt. Wenn das geschehen ist, nehmen Sie eine andere Farbe und verbinden alle Symbole miteinander. Jetzt haben Sie eine Vernetzung. Der erste nimmt einen Spielstein und setzt ihn auf ein fremdes Symbol. Derjenige auf dessen Symbol die Figur steht, berichtet, was das Symbol für ihn bedeutet und was er damit verbindet. Die anderen fragen nach – sprechen Sie darüber. Dann geht der nächste auf ein anderes Symbol – nicht auf die eigenen – usw. Sie haben dafür 25 Minuten.

Im Plenum kommt es zu Mitteilung und Austausch: „Was war für mich interessant? Mit welchen Gefühlen, Handlungen und Zielen sind wir in Kontakt gekommen? Welche Unterschiede und Gemeinsamkeiten haben wir entdeckt? Welche Zusammenhänge gibt es zu Begegnungen auf der betrieblichen Ebene?“

Variationen

Je nach Trainingsziel und Schwerpunkt können andere Fokussierungen gewählt werden: Konflikte, Erfolg/Mißerfolg, Geborgenheit, Herausforderungen, Erfahrungen mit Autoritäten, etc.

Familienbetrieb I – Rollen in der Familie

Vielleicht fragt sich der eine oder andere, wieso geht es jetzt um die Familie – ich studiere doch Betriebswirtschaft? Die Familie ist die erste Gruppe, die wir erleben – das erste Team, in dem wir uns zurechtfinden müssen. Die Familie wird stark von wirtschaftlichen Gesichtspunkten bestimmt, wie ein Betrieb. Andererseits haben betriebliche Strukturen oft Analogien zu Familien („Wir sind alle eine große Familie“). Besonders eng verwoben ist beides im Familienbetrieb

Brainstorming „Rollensammlung“:

Was für Rollen kann es in Familien (und sonst) geben? (Geldverdiener, schwarzes Schaf, die Vermittelnde, der Clown, das Nesthäkchen, der Nörgler, die Gesellige ...)

Nehmen Sie ein Blatt, zeichnen Sie eine Fläche ein. Tragen Sie sich und die Mitglieder ihrer Familie ein. Wer hatte welche Rolle? (Wie haben Mutter und Vater kooperiert? Wie wurden Konflikte ausgetragen?) Dann gucken Sie einmal: Welche Organisationsberater hat es gegeben? (Tante Frieda? Der Nachbar?) Welche Einflüsse gab es aus dem Kontext auf das System? Sie haben dafür 10 Minuten.

Dann werden Triaden gebildet, möglichst neue Konstellationen. Rollenverteilung: A) stellt sein Rollenbild vor. B) hört zu und fragt nach. C) ist stiller Beobachter und achtet auf die Zeit – 10 Minuten. Dann Rollenwechsel reihum.

Plenum: Was war interessant für mich? Was für Unterschiede habe ich festgestellt? Wie könnten sich die erlebten Rollenmuster auf betriebliche Kooperation auswirken?

Familienbetrieb II – Klima und Rollen im Betrieb

Wer hat schon mal in einem Betrieb gearbeitet? Ausbildung, Praktikum, Nebenjob. Entscheiden Sie sich innerlich für einen Betrieb. Nehmen Sie ein Blatt und drei Farben – stop, erst beginnen, wenn Sie sich erinnert haben – Vergegenwärtigung – jetzt schließen Sie kurz die Augen, achten Sie auf Ihren Atem. Atmen Sie etwas bewußter als sonst ein – und ausatmen.

Was kommt Ihnen in den Blick? Was fühlen Sie dabei? Wie war das Betriebsklima? Wie war die Atmosphäre? Welche Rolle(n) hatten Sie? (Soziale Rolle im weitesten Sinne) Suchen Sie nach einer Bezeichnung für Ihre Rolle und bringen Sie das Betriebsklima in ein Wappen:

- welches Image hat der Betrieb Ihnen gegenüber gezeigt?
- wie haben Sie das Image erlebt?
- wie sind Sie ihm begegnet?

Zeichnen Sie das Systemwappen des Betriebes

Dyaden usw. – Vielleicht werden schon Verbindungen zur Familie deutlich.

Klärungen – Erfolg/Mißerfolg

Coachingsequenz in einem Lehrerteam. Anwendbar in Teams und Gruppen verschiedenster Art.

„Bitte schließen Sie die Augen und schauen Sie in sich hinein: fällt Ihnen eine (möglichst berufliche) Szene ein, in der Sie stolz auf sich waren, *in der Sie erfolgreich waren?* Dann bitte weiterdenken: fällt Ihnen noch eine Szene aus der letzten Zeit ein, in der Sie nicht zufrieden mit sich waren, wo Sie etwas in den Sand gesetzt habe, *in der Sie keinen Erfolg hatten?* Wenn die Szenen präsent sind, entscheiden Sie sich bitte, welche der beiden Sie vorstellen und bearbeiten wollen.“

Die TeilnehmerInnen bilden Triaden (A/B/C). A stellt seine Szene vor, B fungiert als Coach und fragt nach, C beobachtet, nimmt die Zeit und bildet eine These und eine Bewegung dazu. Das Ganze dauert inclusive Thesenbildung und gestischer Bewegung 15 Minuten. Durch Wechsel der Plätze wird ein deutlicher Schnitt gemacht, bevor zirkulär die nächste Runde beginnt: B berichtet, C ist Coach ....

Nach der Wahrnehmungssicherung („Erkenne ich ein Muster, wie ich mir Erfolg oder Mißerfolg organisiere?“), die jeder für sich vornimmt, kommt es im weitergehenden Gespräch in der Gesamtrunde der Beteiligten zur „Mustersammlung“ und zu „Mustervergleichen“. Ideen über die Entstehung und Quellen solcher Erfolgs- und Mißerfolgsmuster werden ausgetauscht.

Hintergrund

Dieser Prozeß ermöglicht die Erweiterung eigener Vorstellungen darüber, welche Organisationsmuster für Erfolg und Mißerfolg in Systemen vorhanden sind. Für den Coach in Systemen ist das eine bedeutsame Wahrnehmungs-Richtung zur Erweiterung des Diagnosehaushalts.

Ressourcen-Check

Als Einstieg in Teamcoaching-Prozesse und in Sequenzen mit Performance-Charakter (Präsentationen, Produkterstellung):

„Wie stehe ich im Moment zu meinem Team?“ Die Teammitglieder stehen auf und beziehen ohne Worte mit Hilfe von Gesten zueinander Stellung. Jedes Teammitglied bildet innere Hypothesen: „Welche Ressourcen vermute ich im Team? Du kannst das gut, du das ...Was kann ich denn gut?“. Im nächsten Schritt erfolgt die verbale Ressourcenvergegenwärtigung. Jedes Teammitglied teilt den anderen mit: „Ich kann gut ...“.

Dann analoge Phase: das Team verbindet sich mit Coaching-Seilen, für jede Verbindung ein Seil, jeder hat ein Seil in jeder Hand, ein Kreis entsteht. Nun beginnen improvisierte Bewegungen ohne Worte zur Musik um analog zu überprüfen, wie die anfängliche Kooperation funktioniert. Geeignet wäre beispielsweise der Song, „You can't always get what you want“ von den *Rolling Stones*, wir verwenden jedoch vorzugsweise „Ganz leicht“ von *City:*

„Ich kann eben und ich konnte schon immer,
im Roggenfeld und im Wartezimmer,
an Erlaubnisschaltern und auf langen Bänken
nie anders als an's Fliegen denken.
Und wenn dann immer wieder diese
Flügelschneider und Betonklotzgießer
behaupten, daß die Schwerkraft siege,
dann weiß ich's besser – denn ich fliege.
Ich kann fliegen. Ich kann fliegen.“
(Textauszug, Quelle: CD „Rauchzeichen“ von City, k&p music 1997)

Nach einigen Minuten der Bewegungsentwicklung fordert der Coach zum Einfrieren auf. Jedes Teammitglied äußert einen Satz: „Ich spüre in dieser Zusammenarbeit ...“.

Dieser Einstieg kann für konkrete Aufgabenstellungen ebenso benutzt werden wie für die Vorbereitung kreativer Präsentationen.

Variationen für den thematischen Satz:

- „ ... das kann ich nicht, dazu wünsche ich mir im Team Unterstützung“
- „Im Kontakt zum Team fühle ich mich blockiert und brauche zu einer Lösung für mich ...“

Roboter oder „Nr. 5 lebt"

Der Titel bezieht sich auf den gleichnamigen Film von John Badham, in dem ein Roboter aus einer neuen High-Tech-Waffen-Serie (Nr.5) durch eine massive „Störung" zum Leben erweckt wird. Er wird vom Blitz getroffen und entwickelt Wissensdurst („Input!") Emotionen und ästhetisches Empfinden.

Setting: Eine Ausbildungsgruppe im Coaching-Training, auch anwendbar in größeren Team. Die Teilnehmerinnen bewegen sich zu zweit (A und B) durch den Raum – ruckartige Musik mit abgehacktem Rhythmus setzt ein. Die A's spielen Roboter und werden von den B's durch den Raum geleitet.

Eine Weile lang lassen sie sich dirigieren, auf ein Signal hin entwickeln sie Eigenleben, produzieren also eine Störung im bisherigen System. Die B's haben darauf zu reagieren und herauszufinden, wie sie die Roboter so „beruhigen" können, daß sie wieder funktionieren. Fließende, melodische Musik unterstützt diesen Prozeß. Das Gleiche findet mit vertauschten Rollen noch einmal statt.

Danach tauschen sich Partner über das Erlebte aus: „Wie wurde gestört? Wie waren die individuellen Störmuster? Wie konnten die Störungen beseitigt werden?" Jeder versetzt sich in sein Störmuster und zeigt es dem Partner noch einmal, die Partner übernehmen es probeweise ebenfalls, um sich in dieses „Störmodell" einzufühlen.

Hintergrund:

Der jeweiligen Art zu stören und auf Störungen zu reagieren liegen individuelle Bewältigungsmuster zugrunde. Wenn sie erkannt und analog erlebt werden, kann daraus bewußtes, professionelles Stören werden. Wirksame Coaching-Interventionen haben oft zunächst systemstörenden Charakter.

Einige Störmuster, die sich in den individuellen Bewältigungshaushalten befinden, stammen aus sehr früher Lebenszeit und frühen Systemen. Diese (→) Muster waren damals sinnvoll und wirksam. Für neue professionelle Unterbrechungen von Interpunktionen in Systemen sind sie nicht hinreichend. Zur Ausbildung von (→) Coaching-Kompetenz gehört es, sie zu vergegenwärtigen und zu überprüfen.

Kontrakt paradox

Im folgenden ein Beispiel für die Verbindung konkreter Vorgaben mit blühender Phantasie, das als Tagesabschluß im Coaching-Training verwendet wurde. In Anlehnung an *Fritz Simon* ist unser Motto: Coaching ohne Humor ist witzlos.

Die TeilnehmerInnen wurden aufgefordert, drei Präsentationsgruppen zu bilden. Die Gruppen hatten die Aufgabe, kleine Sammlungen von „Erfolgsrezepten" zu entwickeln und diese dann szenisch darzustellen. Auf den drei Karten, von denen jede Gruppe eine erhielt, standen folgende Themenvorgaben:

1. „Trennungsberatung – Wie trenne ich die Kunden am besten von ihrem Geld? Drei Wege zum Erfolg".
2. „Wie kann ich mir schon im Kontraktgespräch mit dem System das Leben schwer machen? Ein Leitfaden vom IMC (Institut für Masochistisches Coaching)."
3. „Professionelle Teambeschimpfung – gewußt wie. Sich Luft auf Kosten des Teams verschaffen und trotzdem weiter kassieren. Kreative Methoden für die Praxis."

Zur Einstimmung wurde der Song von City „Wenn ich könnte, wie ich wollte" verwendet:

„Erstmal sehn, wie's kommt./Ist eben so, sind wir gewohnt./Nehmen wir mit,/wissen, wie's läuft,/bißchen dran drehn,/gar kein Problem,/machen wir leicht. *Wenn ich könnte, wie ich wollte,/wenn ich sollte, was ich kann,/dann gäb's Aufruhr und Revolte, dann gäb's Terror, aber dann.*/Alles klar, wie gehabt./Is' auch was drin, reißen wir ab./Biegen wir hin,/bleibt wie es ist,/bleibt unter uns/gar keine Kunst/aber gewiß./*Wenn ich könnte, wie ich wollte ...*/Klarer Fall, da läuft nix schief./Völlig normal, ha'm wir im Griff./Kannste mit le'm,/is' doch bequem,/mußt dich nicht schäm,/liegt am System./ *Wenn ich könnte, wie ich wollte ...Dann gäb's Terror – laßt mich ran!"*

(Quelle: CD „Rauchzeichen" von City, k&p music 1997)

Von jeder dieser Präsentationen wurde ein Video gedreht. Als Feedback zur Wahrnehmungssicherung, Ergebnissicherung und Vorsatzbildung – in nicht paradoxer Weise – bot sich so eine Fülle an Material, das mit viel Spaß an der Sache verarbeitet wurde.

Outplacement I – Welchen Weg bin ich gegangen?

Ausschnitt aus einer Coaching-Sitzung, die vorwiegend im Stehen stattfand.

Die Geschäftsführerin (S.) einer kirchlichen Einrichtung ist seit acht Jahren auf ihrem Arbeitsplatz und hat dort erfolgreich gearbeitet. Seit einem halben Jahr behauptet ihr Vorgesetzter, sie sei „ihren Aufgaben nicht mehr gewachsen“ und hat Einiges in die Wege geleitet, um sie von ihrem Arbeitsplatz zu entfernen. Sie fühlt sich gemobbt und sucht Unterstützung im Coaching.

In den ersten Sitzungen geht es um den Erhalt des Arbeitsplatzes und um Selbstbehauptung. Nachdem sich herausgestellt hat, daß die Situation nicht mehr zu ändern ist und S. den Entschluß getroffen hat, sich beruflich zu verändern, wird der Beratungsprozeß zum Outplacement-Coaching. Neben der Frage, wie sie am vorteilhaftesten aus der alten Stelle heraus und in eine geeignete neue hineinkommt, geht es in der sechsten Sitzung darum, „wie es so weit kommen konnte“ – Vergangenheitsbewältigung, um Lehren für die Zukunft zu ziehen.

Der Coach fordert S. auf, das (→) Coaching-Seil dazu zu benutzen, ihren achtjährigen Weg im alten Arbeitsplatz im Raum auszulegen. Zusätzlich gibt es einige Steine, um wichtige Stellen auf dem Weg zu markieren. „Lassen Sie sich Zeit, einen geeigneten Ausgangspunkt im Raum zu suchen. Machen Sie mit dem Seil, was Sie wollen. Sie können es legen, knoten, irgendwo festbinden, so wie es Ihnen passend erscheint.“ S. nimmt sich Zeit und legt einen zielgerichteten, aber kurvenreichen Weg mit vier Markierungspunkten. An einer Stelle führt das Seil unter einemTisch hindurch.

Nach Aufforderung des Coaches stellt S. sich an den Ausgangspunkt. Der Coach steht auch auf und bewegt sich im Raum. „Gehen Sie nun den Weg anhand des Seils noch einmal durch, um festzustellen, wo wichtige Stellen waren, die vielleicht in Vergessenheit geraten sind. Woran erinnern Sie sich? Was löst die Erinnerung heute in Ihnen aus?“

S. nimmt Kontakt zur Situation auf, berichtet und folgt dabei dem Seil. An der Stelle unter dem Tisch sagt sie: „Da war eine Zeit, in der ich mich sehr wohl und beschützt fühlte". Coach (intuitiv): „Gab es zu dieser Zeit auch etwas, das unter den Tisch fiel?" S. nach einigem überlegen: „Nein, das wüßte ich jetzt nicht ...". Coach: „Okay, also nichts. Wie ging es dann weiter?" S.: „Moment, jetzt fällt mir ein, da war doch etwas. Die Stellvertreterregelung."

In der digitalen Reflexion stellt sich heraus, daß S. als Nicht-Theologin nach einem Stellenwechsel des theologischen Leiters eine zeitlang stellvertretend die Gesamtleitung innehatte. Daraus entstand ein latenter Konflikt mit dem Nachfolgepfarrer, der die Leitungsstelle dann bekleidete.

S. entdeckte bei sich ein Verhaltensmuster, Konkurrenz und eigene Machtansprüche hinter Harmoniestrategien zu verbergen und wie sie sich durch Nichtgewahrsein diese Musters selbst in Schwierigkeiten brachte. Sie verließ die Sitzung sehr nachdenklich.

Outplacement II – Wer ist drinnen, wer ist draußen?

Ausgangslage: Team-Coaching in einer Beschäftigungsgesellschaft im Ruhrgebiet. Das Team hat die Aufgabe, Outplacement-Maßnahmen durchzuführen, also bei drohenden Entlassungen in Firmen und Organisationen die betroffenen Mitarbeiter auf neue Arbeitsplätze vorzubereiten. Im Team, das aus acht Mitgliedern besteht, gibt es starke Spannungen, die darin gipfeln, daß zwei Kolleginnen nicht mehr miteinander sprechen.

Der Coach diagnostiziert nach drei Sitzungen, daß das Thema Entlassung und Existenzangst sich auch in der Team-Interaktion widerspiegelt. Die meisten Teamer haben nur befristete Arbeitsverträge. Um die Thematik nachhaltig bearbeiten zu können, schlägt der Coach vor, zwei Sitzungen lang in analogen Erfahrungssettings zu arbeitet. Darauf können sich alle einlassen und es wird vereinbart.

1. Sitzung: Das Team bildet vier Paare, jedes Paar erhält ein (→) Coaching-Seil, die Paare arbeiten parallel im gleichen Raum. Person A legt jeweils das Seil als kreisförmige Grenze um sich herum auf den

Boden. Die B's versuchen, die Erlaubnis zu bekommen, in den Kreis zu gelangen.

Sie beginnen mit dem Satz: „Bitte laß mich rein." Die A's haben die Anweisung, sich abzugrenzen: „Nein, bleib draußen". Die Paare haben zehn Minuten Zeit zum Experimentieren und Variieren. Die TeilnehmerInnen steigen sofort in die Szene ein, lebhaft werden unterschiedliche Strategien entwickelt. Am Ende ist es einem Kollegen gelungen, in den Kreis zu kommen, den anderen nicht.

In einem zweiten Durchgang wird die Situation jetzt umgedreht: Die A's im Kreis sagen: „Bitte komm rein!" und die B's reagieren: „Nein, ich will nicht." Danach kommen die Partner ins Gespräch: „Wie ging es mir drinnen bzw. draußen? Wie war es, nicht hereingelassen zu werden? Wie fühlte es sich an, jemandem den Zutritt zu verweigern? Wo gibt es Bezüge zur realen Arbeitssituation?

Im nächsten Schritt wird aus drei Seilen ein großer Kreis gelegt. Sieben Teammitglieder im Kreis, eines draußen. Auf freiwilliger Basis kann von außen ausprobiert werden: Wie komme ich ins Team? Drei KollegInnen experimentieren nacheinander: Wie gehe ich am besten vor? Wie reagieren die anderen auf mich? Wer läßt mich rein, wer nicht?

Der Coach fordert dazu auf, die alltägliche Kooperation mit einzubeziehen. Dabei werden problematische Kommunikationsmuster sichtbar: Interaktionen, die nur Energie schlucken und nur wenige, die Ressoucen im Team freisetzen. Die Notwendigkeit der Musterveränderung wird bewußt.

Alte Wege, neue Wege

Ein Drogenberatungsteam. Die Kontaktaufnahme zur letzten Sitzung fällt schwer.

Der Coach gibt als Anregung: „Woran erinnere ich mich? An welche Themen, Szenen, Bilder, Farben? Ich sehe rot ... ich sehe schwarz ..."

Das Team sieht grau. Grau für die ausweglose Arbeitssituation. Grau manifestiert im Raum (Sitzungssal eines Verwaltungsgebäudes).

Coach: „Bitte steht auf und kommt in Bewegung“. Die TeilnehmerInnen machen sich auf den Weg durch den Raum. Coach: „Wie sieht es jetzt aus, wenn ihr in Bewegung seid? Wo möchtet ihr heute rangehen?“

Ein Teammitglied (X): „Ich möchte einen Weg finden, der gut für mich ist.“

Coach: „Okay.“ Er bittet alle anderen, anzuhalten, um die Aufmerksamkeit auf X zu richten. Er zeigt auf einen Punkt auf dem Fußboden. „Hier ist dein Ausgangspunkt. Gehe einmal deinen bisherigen Weg so *wie* du ihn bisher gegangen bist und dann geh den, den du gehen willst, der gut für dich ist. Die anderen beobachten bitte genau die beiden Wege.“

Teammitglied X macht sich auf den Weg. Beim ersten Mal hastet sie durch den Raum, um dann dicht vor einer Betonsäule stehen zu bleiben. Beim zweiten Mal einige Schritte, Pause, einige Schritte, Pause, einige Schritte, dann an der Betonsäule vorbei.

Coach zum Teammitglied: „Wie hast du deine beiden Wege erlebt? Was war gleich, was war unterschiedlich? Wie kannst du die beiden Wege beschreiben?“ Dann zu den anderen: „Wie war die Resonanz auf das Gesehene? Was fiel mir auf? Was war typisch, was war untypisch für die Kollegin?“

Danach gehen die anderen ihre individuellen Wege. Jeweils erst den Ist-Zustand, dann die Wunschwege, Verfahren wie oben.

Coach: „Nun macht euch gemeinsam auf den Weg. Stellt euch alle nebeneinander an den Ausganspunkt und geht eure Wege. Zunächst jeder seinen eigenen alten, dann jeder seinen Wunschweg“.

Die TeilnehmerInnen gehen, stoßen zusammen, weichen sich aus, experimentieren, haken sich ein, die Stimmung wird locker und gelöst.

Coach: „Wie korrespondieren die einzelnen Wege? Wie ist der bisherige gemeinsame Weg? Wie kann der gemeinsame Wunschweg für das Team aussehen?“

In einer ausführlichen Auswertung werden die gegangenen Wege mit der Alltagspraxis in Verbindung gebracht, verglichen und erörtert und Folgerungen für die Zukunft gezogen.

Kontext: In dem Buch „Alte Wege, neue Wege“ von Günter/Lötscher/ Pohl gibt es viele praktische Beispiele zum Geführtwerden und zum Finden eigener Wege im realen Raum – dort am Beispiel der Industriekultur des Ruhrgebiets.

Coaching und Banking – eine Annäherung

Praxisprobleme bei der Einführung von Coaching und wie sie gelöst werden können. Ziel: Klarmachen, was Coaching ist und die Bedeutung des Coaching-Kontraktes.

Ein Beispiel aus der Praxis der Bankbetriebswirtin *Melanie Gajowski*

Ausgangssituation: „Kick-Off-Sitzung“ für ein neues Marketing-Konzept in einer Bank. Das Team setzt sich aus Praktikern, in der Regel Filialleitern und Spezialisten aus Fachabteilungen zusammen. Die Teilnahme ist formal nicht verpflichtend. Die Teamleiterin, die verantwortlich für die Vorlage der Konzeption ist, leitet zum ersten Mal ein Team.

Zur ersten Sitzung erscheine alle Teammitglieder, bei der zweiten nur noch die Hälfte, die andere Hälfte hat fadenscheinige Entschuldigungen. In der Sitzung eskaliert die Situation, die übrigen Teammitglieder fühlen sich „veralbert“ und stellen die Ernsthaftigkeit des Projektes in Frage. Die Teamleiterin berichtet das „nach oben“.

Da ihr Vorgesetzter davon ausgeht, daß es ihr nicht gelungen ist, die Wichtigkeit des Projekts zu vermitteln, bekommt die junge Teamleiterin ein externes Coaching „von oben“ verordnet. Sie weiß nicht, was sie erwartet und steht dem Ganzen skeptisch, fast ablehnend gegenüber.

Diese Ausgangsituation wird an der Bankakademie als Trainingsbeispiel verwendet. Die Aufgabe für das Rollenspiel lautet: Wie soll sich der Coach bei seinem ersten Treffen verhalten? In dieser Situation übernimmt *Melanie Gajowski* die Position der Coacherin, eine Kommilitonin übernimmt die Rolle der Teamleiterin:

„Zunächst galt es, zwei Missverständnisse auszuräumen: ein Coach wird weder die Kompetenzen seines Gegenüber beschneiden noch handelt es sich bei ihm um eine Kontrollperson.

Bereits während der ersten Sätze wurde klar, dass die Teamleiterin große Befürchtung hat, durch die zur Zurseitestellung der Coacherin ihr Gesicht zu verlieren und von ihren Teammitglieder nicht mehr für voll genommen zu werden. Eine Coacherin wird von ihr nicht als Unterstützung des Prozesses gesehen, sondern eher als Störfaktor und Kontrollinstanz. In den der Teamleiterin bisher bekannten Arbeitsumfeldern ist die Funktion der Coacherin als Prozessbegleiterin nicht bekannt. Daher entstehen bei ihr erhebliche Ängste.

Um diese Ängste auszuräumen und der Teamleiterin die Vorteile einer Begleitung durch mich darzustellen, erläutere ich zunächst mein Verständnis von Coaching. dabei gehe ich besonders auf die Aspekte ‚Prozeßbegleitung' und ‚Heraushalten aus dem Team' (Beobachtungsfunktion) ein. Ein wichtiger Punkt ist es, der Teamleiterin deutlich zu machen, dass ich keine Lösungen parat habe und auch nicht bereit bin diese stellvertretend für sie zu finden, sondern das ich sie dabei unterstützen werde, eigene Lösungen zu entwickeln.

Abschließend verdeutliche ich, dass wir gemeinsam eine Kontrakt schließen werden, in dem die weitere Vorgehensweise festgelegt wird. Dieser Kontrakt gab der Teamleiterin die nötige Sicherheit, sich auf eine Coachingunterstützung einzulassen."

Der Kontrakt beinhaltet folgendes: Die Coacherin schlägt der Teamleiterin vor, eine erneute Sitzung einzuberufen und noch einmal „von vorne anzufangen". Sie soll dabei besonders den hohen Stellenwert, den die Konzeptionsarbeit für die Geschäftsleitung hat, verdeutlichen. Außerdem soll sie die Wichtigkeit der Mitarbeit jedes einzelnen Teammitgliedes herausstellen.

Nach dieser Teamsitzung findet eine Coachingsitzung statt, in der sich die Leiterin entscheidet, welche weitere Unterstützung sie von der Coacherin wünscht: will sie reflektierendes Coaching nach den Teamsitzungen oder will sie die Coacherin lieber in der Teamsitzung dabei haben?

Hintergrund

Wenn Coaching unbekannt ist, oder Vorbehalte bestehen, sind zunächst grundlegende Klärungen nötig. In diesem Fallbeispiel kommt es erstens auf die Entscheidungsfreiheit und Wahlmöglichkeit, zweitens auf die Vereinbarung eines klaren Kontraktes an.

Der Coaching-Prozess ist ein Rückkoppelungsprozess (zirkulär) und nicht ein Prozess mit Ratschlägen (linear).

2. Coaching-Übungen als analoge Erfahrungsräume

Aus den geschilderten Charakteristika des Ansatzes Coaching mit System folgt, daß wir für die analogen Erfahrungsräume, Settings und Übungen kein uniformes Vorgehensraster (Dauer, Material, Ziel, Modus etc.) anbieten. Der Bedarf der LeserInnen nach festen Strukturen und Rezepten ist uns bewußt. Wir erfüllen ihn mit Absicht nur teilweise, um

- schematischen Verfahren keinen Vorschub zu leisten
- und nicht die Illusion zu nähren, für wirksame Beratung brauche man sich Methoden nur „anzulesen".

Dennoch ist immer die Vorgehensweise – manchmal minutiös und millimeterartig, manchmal eher summarisch – beschrieben oder im Blick auf die jeweils ganze Sequenz erkennbar. Alle Settings haben einen klaren Grundverlauf und können je nach Situation variiert, ergänzt und angepaßt werden. Manchmal haben wir einige Variationsmöglichkeiten, im Sinne von Anregung, im Text benannt.

Wichtiger als methodische Raster ist eine integrierte (→) Coaching-Kompetenz, die Hand, Herz und Kopf verbindet: eine gute Handwerklichkeit, eine Herzlichkeit für menschliche Ungereimtheiten und ein klarer Kopf. Entscheidend ist auch, das richtige Anforderungs-Maß zu finden, denn

Überforderung führt in die Abwehr oder zur Unterwerfung.

Den analogen Übungen ist eine allgemeine Grundstruktur gemeinsam: 1. Materialhebung und Eigenreflexion, 2. Bearbeitung im Subsystem (meistens Triade), 3. Ankoppelung und Kontaktaufnahme zum Gesamtsystem.

Sie haben unterschiedliche systemische Komplexitätsgrade (Nieder- bzw. Hochschwelligkeit), die je nach Charakter der Anwendungsituation teilsweise oder ganz ausgeschöpft werden können.

Anhand einer basalen Reflexionsübung (→ „Aufstehen“) werden wir zunächst veranschaulichen, welche Komplexität schon in einer auf den ersten Blick ganz einfachen Methode stecken kann. Die Übung kann, wie viele andere auch, als niederschwellige Basisreflexion eingesetzt *und* sie kann – wie hier exemplarisch geschildert – zur intensiven, tiefenden Reflexion genutzt werden.

Aufstehen

Der Coach bittet die sitzenden TeilnehmerInnen aufzustehen. Nachdem sie aufgestanden sind, wenden sie sich dem Stuhl, von dem sie aufgestanden sind, zu und rekonstruieren innerlich, wie sie aufgestanden sind? „Wo begann bei mir die Bewegung des Aufstehens? Wie habe ich mein Gewicht verlagert? Entdecke ich ein Muster? Was ist mir aufgefallen?“

Der Vorgang des Aufstehens ist für uns so selbstverständlich und automatisiert, dass wir diese Fragen zunächst kaum beantworten können.

Der Coach fordert die TeilnehmerInnen auf, sich wieder zu setzen, um dann noch einmal ganz langsam – in Zeitlupe – aufzustehen, um diesen Prozess innerlich genau wahrzunehmen.

Dann beschreibt jeder innerlich den Ablauf des Aufstehens. Zum Beispiel: ich lege meine linke Hand auf den linken Oberschenkel, meine rechte Hand auf den rechten Oberschenkel, neige meinen Oberkörper nach vorn, hebe meinen Schwerpunkt (Gesäß) nach oben, dabei übe ich Druck mit den Händen und Armen auf die Oberschenkel aus und richte meinen Oberkörper in dieser Anspannung nach oben auf. Die Spannung läßt nach und ich stehe.

War dieser Prozess angenehm? Gab es schwierige Sequenzen in diesem Ablauf? War es mühsam, war es leicht? Wie bin ich mit meiner Energie und Kraft umgegangen? Ökonomisch und leicht oder aufwendig und schwer? Erkenne ich in meinen Bewegungsabfolgen ein Muster, welches ich in anderen Zusammenhängen meines Lebens und meinen Tätigkeiten in Systemen auch entdecken kann?

Anreicherung durch Rückmeldungen: mit dem eigenen Bewegungsablauf eine andere Teilnehmerin aufstehen lassen. Die eigene innere Beschreibung wird nun zur verbalen Aufsteh-Anleitung für das Gegenüber. Wie gelingt es? Kann die Anleitung in Bewegung übersetzt werden? Das Gegenüber entdeckt im Bewegungsablauf Stark- und Schwachstellen, Energielöcher und Blockaden, Leichtigkeit oder Schwerfälligkeit und so weiter.

Dieses Erleben wird zurückgemeldet und gibt der Anleiterin Möglichkeiten zum Vergleich mit dem eigenen Erleben. Vergegenwärtigte Unterschiede oder Übereinstimmungen sind eine gute Grundlage für Entscheidungen zum Beibehalten oder zum Verändern.

Hintergrund

In der Verlangsamung liegt die Chance der Wahrnehmungserweiterung. Dies ist Voraussetzung für die Vergegenwärtigung innerer und äußerer Prozessabläufe. In der Verlangsamung sind Muster, typische Ersatzhandlungen und unökonomische Bewegungsabläufe erkennbar. Die innere Wahrnehmung und deren Vergegenwärtigung führt zu einer genaueren Wahrnehmung von Bewegungs- und Handlungsabläufen bei anderen.

In der Verlangsamung liegt der Beginn diagnostischer Schnelligkeit in Beratungsbeziehungen. Wir können wieder in Kontakt mit Spuren und Aspekten unseres Bewältigungshaushaltes kommen. Entscheidungen werden möglich. Vieles ist nicht mehr veränderbar, aber es ist wieder in bewußter Weise angekoppelt.

Rückkoppelung ist die Nahrung für Kompetenz-Entfaltung. In diesem alltäglichen und existenziellen Vorgang des Aufstehens sind bereits viele unserer inneren Annahmen, Möglichkeiten und Begrenzungen verkörpert. Durch den angebotenen Erfahrungsraum „Aufstehen“ ist das Selbstverständliche wieder entdeckbar (*Moshe Feldenkrais*).

Variante: Aufstehen aus dem Stuhl – wie stehe ich auf – Austausch – gegenseitig vormachen – beibringen – Brainstorming an der Tafel. Ein

Text zum Thema Aufstand. Wahlweise: Mach keinen Aufstand. Wir proben den Aufstand. Aufstehen und sich wider-setzen.

Rund oder eckig

Anwendung: Diese Übung ist für Einstiege in Gruppen- und Teamarbeit aller Art geeignet.

Dauer: je nach Variante 20-40 Minuten

Jeder Teilnehmer bekommt ein rundes und ein viereckiges Kärtchen (z.B. aus Moderatorenkoffer). Nun schaut jeder in seine vergangene Woche (in den persönlich-privaten Lebensbereich, in den beruflich-institutionellen und den gesellschaftlichen)

„Was kommen dir für Situationen in den Blick? Sind es Situationen, zu denen du sagen kannst: die oder die war rund, da hat sich für mich was geschlossen, da war es für mich auf dem Punkt? Waren es Situationen, zu denen du sagen kannst: die oder die Situation war eher kantig, eckig, schwierig, da bin ich angeeckt, da habe ich mich gestoßen? Entscheide dich für eine Situation – eine runde oder eine eckige, lege dich fest, welche Situation du betrachten willst und wähle entsprechend das runde oder das eckige Kärtchen."

Jetzt bilden sich Coaching-Triaden (A/B/C)

A nimmt sein Kärtchen und berichtet: „Ich habe mich für eine runde Situation entschieden, sie war für mich wie folgt ..." B und C hören zu, fragen nach und nach 3 Minuten bilden sie zu der Darstellung von A ein paar Thesen. A hört diese und überprüft seine innere Resonanz dazu.

Kurze Diskussion: was ist in der Einschätzung gleich? Unterschiedlich? Was für Eckiges steckt im Runden (und umgekehrt), dann zirkulärer Rollenwechsel.

Variationen

Straffung: Die Übung wird in Dyaden (A/B) durchgeführt

Erweiterung: Die TeilnehmerInnen zeichnen entsprechende Symbole auf das runde oder eckige Kärtchen

„Spieglein, Spieglein ..." – Der Rollenspiegel

Ziel: Rollenspiegel für korrespondierende Systeme

Material: DINA3-Papierbögen, Ölkreide

1. Ankommen – aus welchem System komme ich beruflich, privat? Welches System bewegt mich (noch).
2. einen Spiegel (Rahmen) reißen (aus DIN A3-Papier)
3. Hineinschauen: Welche Rolle spiegelt sich mir jetzt aus dem System, welches mich (noch) bewegt?
4. Die TeilnehmerInnen stehen auf, bewegen sich im Raum und nehmen wahr, welches System ihnen zu der gespiegelten Rolle in den Blick kommt.
5. Wahrnehmungssicherung: das Symbol wird auf den ‚Rollenspiegel' gemalt („Skizziere es auf deinem Spiegelbild").
6. Erste Selbstbetrachtung: Wie ist der System-Hintergrund? Wie ist mein Rollensymbol? Wie ist es in Verbindung mit meinem momentanen Erleben?

Rollenspiegel-Coaching in Triaden

A: Das habe ich ausgedrückt, dies ist im Vordergrund ... der Hintergrund ist ... in Verbindung sehe ich ... B fragt nach, konfrontiert und begleitet A. C beobachtet den Coachingprozeß, stoppt die Zeit und gibt eine Rückmeldung

Nach kurzem Austausch zirkulärer Wechsel der Rollen.

Gesichter

Material: Papier, Ölkreide

In der Mitte des Raumes liegen viele skizzierte Gesichter (Fotokopien unterschiedlicher Volagen), je 3 von jeder Sorte. Der Coach fordert die TeilnehmerInnen der Coaching-Gruppe auf, sich die Gesichter – ohne diese zu berühren – alle anzusehen unter dem Fokus:

Wenn ich meine berufliche Situation in meinem Arbeits-System in den Blick nehme, dann würde das folgende Gesicht meine Situation gut markieren und widerspiegeln. ...“ Die Auswahl wird ohne Worte getroffen.

Nach der stillen Auswahl erfolgt eine innere Ausmalung: das skizzierte Gesicht in Gedanken ergänzen, einfärben. Dann das Blatt nehmen und das Gesicht mit Ölkreide ausmalen (Umsetzung des inneren Bildes).

Wahrnehmungsverdichtung zu zweit (Dyade) oder zu dritt (Triade): A legt ihr Bild vor sich – B + C nehmen den Menschen (die Künstlerin) und das Bild in aller Stille wahr: Welche Übereinstimmungen, Gegensätzlichkeiten, andere Seiten gibt es? Zirkulärer Wechsel

Coaching-Prozess in der Triade A/B/C: A ist Coach, B wird gecoacht, C nimmt den Prozess wahr, achtet auf die Zeit (pro Coaching 15 Minuten)

Die Prozesse laufen/A – B – C Wechsel

Coaching-Plenum: jeder sagt zum eigenen Bild einen Satz, bezogen auf die berufliche Situation, in deren Verbindung dieses Bild entstanden ist. Beginnend mit „Ich ...“

Variationen

1. Der Coach darf nur 4 Interventionen durchführen (Interventions-Effizienz) und der Beobachter achtet auf die Anzahl der Interventionen des Coaches.
2. Statt Gesichtern werden Bilder von Masken (Fotokopien unterschiedlicher Vorlagen) verwendet. „Eine Maske zeigt oft mehr, als sie verdeckt“. Fokus: Offensichtliches und Verdecktes in meiner beruflichen Rolle.

In den Blick geraten

Diese Übung sollte nur von erfahrenen und trainierten Coaches angeboten und durchgeführt werden. In diesem Erfahrungs-Setting kommt es häufig zum Kontakt mit sehr frühen Erlebnisinhalten und Bewältigungsmustern.

Die TeilnehmerInnen bilden Dreiergruppen – A stellt sich auf einen Stuhl, B steht unten, C steht dazwischen. A und B halten Blickkontakt und versuchen, sich durch C nicht beirren zu lassen und C zu ignorieren, C versucht mit allen Mitteln (außer Gewalt), die Aufmerksamkeit von A und/oder B zu erlangen. Nach einigen Minuten des Experimentierens werden zirkulär die Rollen getauscht. Nach dem dritten Durchgang findet ein intensiver Austausch zwischen den Beteiligten statt:

- Wie ging es mir in der jeweiligen Rolle?
- Welche Strategien habe ich gewählt?
- Welche Handlungsmuster in Systemen habe ich wiederentdeckt?

Hintergrund

Unsere Geschichte ist in uns geschichtet. Frühe Bewältigungsmuster sind in uns verkörpert und durch aktivierende Settings bekommen sie wieder ‚Ladung'. In diesem Erfahrungsraum ist eine triadische und frühe Konstellation von Kind, Mutter und Vater angelegt. In den frühen Lebensräumen haben wir zu dem Fokus: ‚bin ich im Blick, werde ich gesehen' Grundentscheidungen getroffen, die damals ihren Sinn hatten. Den Sinn, Zuwendung zu erhalten oder Abwendungsschmerz zu lindern. Die darin entwickelte Bewältigung kann für heutige Erfordernisse ‚in den Blick zu kommen' grundlegend günstig oder ungünstig sein. Durch Wiederbelebung wird die Wahrnehmung von Basis-Mustern möglich. Die Vergegenwärtigung ist dann eine Grundlage dafür, ob ich diese Basis-Muster akzeptiere oder nicht.

Nur was ich akzeptiere, kann ich neu entscheiden und verändern.

Einiges ist nicht mehr entscheid- und veränderbar. Dies führt zu Kontakt mit den frühen Gefühlen, die damit verbunden waren (Angst, Trauer, Schmerz). Diese Wahrnehmung führt zu einer existentiellen Klarheit und zu der Frage und Herausforderung, welche Stützungsstrategien ich heute benötige, damit ich nicht in der frühen „Falle" stecken bleiben muss.

Nach unseren Erfahrungen braucht es nach dieser Übung viel Raum zum wechselseitigen Berichten und Einfühlen. Durch die Mit-Teilungen und Anteil-Nahmen ergeben sich häufig erste Ideen zur Stützung des nicht mehr Veränderbaren und zur Entwicklung erster (Ersatz-)Strategien für ein gelöstes „in den Blick geraten“.

Trackball

Ziel: Reflexion von Führungsmustern und Verantwortungsübernahme

Steuerung der Partner mit einem Tennisball (Coaching-Ball)

1. A und B – A führt B mit Tennisball – Wechsel – Richtung und Wirkung der Interventionen
2. A führt das Team mit Tennisball, TeamerInnen sind über je einen Tennisball in Verbindung – A (= Coach) gibt über Kontakt und Beziehung Interventionen in das Team-System – Austausch: Richtung und Wirkung der Interventionen im System

Wechsel – Wünsch dir was – Partnerwechsel hinter dem Rücken – Raten: „Wer hat mich zwischendurch geleitet?“ – „Entwickelt euern Zeichenvorrat“

Ball zwischen die Schultern „Es ist etwas zwischen uns. Eine kleine gemeinsame Zuständigkeit. Laßt sie nicht fallen. Wie habt ihr eure gemeinsame Verantwortung wahrgenommen?“

Jedes Paar bekommt einen zweiten Ball: „Zwischen uns ist etwas. Wozu brauchen wir das? Welche Funktion hat das?“ Beide Handflächen aneinander mit je einem Ball dazwischen. In Bewegung kommen. „Der Kontakt läuft über das, was zwischen uns ist.“

3 Paare finden sich zu Sechsergruppen, Anweisungen von außen

Akrobatikwerkstatt: Die Paare stellen sich auf die Bälle und halten Bälle zwischen den Handflächen. Zuständigkeit für den eigenen Standpunkt, für die Arbeitsbeziehung.

Verträglichkeits-Grenze

Ziel: Arbeit an individuellen und kollektiven Toleranzgrenzen

Setting: Kontroll-Coaching, Coaching-Ausbildung, intensive Team-Coaching-Prozesse

Das Team steht dem Coach in einer Reihe gegenüber, der Coach interveniert über Gebärden mit den Händen, die Teammitglieder folgen seinen nonverbalen Anweisungen. Bedeutung der Gebärden:

- Heranwinken – das Team kommt näher
- Abwinken – das Team tritt zurück
- Rechten Arm heben – das Team wird freundlicher
- Linken Arm heben – das Team wird unfreundlicher

Das Team folgt als System und im individuellen Kontakt zum Coach den Dosierungs-Aufforderungen. Als Grundregel gilt: Stop ist Stop.

Der Prozeß dauert so lange, bis der Coach seine Verträglichkeitsgrenze spürt. Dabei ist zu entdecken, wie Nähe, Distanz, Wohlwollen und Feindseligkeit die „Rollenhaut" des Coaches berühren und auf sein Binnensystem wirken.

Die Skulptur kann neu installiert werden, wenn der Coach eine weitere ‚Verträglichkeitsprüfung' machen möchte, z.B. in den Variationen: Nähe und wohlwollend – Nähe und feindselig – Distanz und wohlwollend – Distanz und feindselig.

In beiden Rollen ist vielfältige Spurensicherung möglich: Wie ist der eigene Kontakt zum Bewältigungs-Haushalt (Bewältigungs-Muster)? Wie sind die Verbindungen zum Interventionsverhalten in der professionellen Rolle als Coach?

Die Übung ist gut transferierbar in die Coaching-Praxis mit Teams, z.B. zu den Fragen: Wie erleben Einzelne das Team? Wie erleben sie die Leitung? Wie ist das Team in Kontakt zur Leitung und umgekehrt?

Systemwappen

Reflexionsziel: Wie begegne ich meiner Organisation? Wie begegnet sie mir?

Setting: Einen Platz im Raum als ‚Werkstatt' einrichten

Material: Decken, Zeichenkarton, Oelkreide.

Nach einer einleitenden Entspannungsübung die Augen schließen und sich in der inneren Vorstellung der Organisation die gewählt wurde langsam nähern (Fantasiereise). Welche Stimmung entsteht? Welche Atmosphäre spüre ich? Welche Gefühle steigen auf? Welche Gedanken habe ich? Welches Bild kommt mir vor Augen? Und wieder zurück ins Hier und Jetzt.

Ausdrucksphase: Welche Eindrücke hatte ich? Ich drücke sie jetzt mit der Oelkreide auf dem Karton aus. Ein Begegnungswappen mit der Organisation entsteht.

Wahrnehmungsverdichtung: stille Betrachtung, was ist mir jetzt sichtbar?

Coaching-Prozess: A coacht B mit der Aufmerksamkeitsrichtung: Wessen Wappen ist es? Das der Organisation mir gegenüber oder meins gegenüber der Organisation? Was hat sich aus meinem Kontakt zur Organisation in diesem Wappen verdichtet? Welche Vorsätze ergeben sich für mich? Was will ich beenden, fortsetzen, anfangen? Rollenwechsel.

Variationen

Alle gehen durch den Raum und tragen das Wappen vor sich her. Begegnung der Wappen, welche Wappen ziehen sich an? Welche stoßen sich ab?

Je ein Wappen wird von mehreren TeilnehmerInnen in je eine Skulptur umgesetzt.

Leitung und Energie I – Lebensbewegung

Ziel: Reflexion von Leitungsmustern, Leitungsstrategien, Wahrnehmung eigener Verhaltens-/Bewältigungsmuster in Systemen

Setting: Leitungs- und Beratungsteams, Coaching-Training

Dauer je nach Variante 30-40 Minuten

Zweiergruppenbildung (A und B)

A beginnt, über sich in aktueller Zeit zu reden: „Derzeit bin ich ..., vergangene Woche war ich ...diesen Sommer habe ich ..." A folgt seinem aktuellen Gedankenfluß/Bewußtseinsstrom und redet einfach 5 Minuten lang in der beschriebenen Weise. B hört und sieht zu und greift in keiner Weise ein. B nimmt wahr, welches innere Bild in den 5 Minuten bei ihm davon entstanden ist, wie A sich derzeit im Leben bewegt, wie sie das Leben meistert und mit welchen Mustern sie die Arbeit bewältigt. B stellt sich diese Bewegung als Körperausdruck vor, um sie A später als Rückkoppelung vorzuführen.

A schließt die Augen, erinnert sich daran, was sie berichtet hat und stellt sich vor, wie die eigene Lebensbewegung als Körperausdruck bzw. Bewegungsablauf wohl aussehen würde. B nimmt die entsprechende Körperhaltung ein und läßt A auf ein Signal die Augen öffnen. A konfrontiert sich mit der Wahrnehmung von B. Nach einem kurzen oder längeren Austausch wechseln A und B die Rollen.

Variation 1: B (Resonanzgeber) beginnt zunächst nur andeutungsweise mit seinem Feedback (vorsichtig und langsam) und hält inne. A (Berichterin) hat die Möglichkeit zu entscheiden, ob sie mehr sehen will. Wenn ja, sagt sie: „Weiter", B macht ein Stück weiter und stoppt wieder. Dies geht solange weiter, bis es A reicht bzw. bis der Bewegungsablauf beendet ist.

Variationen

Zunächst berichten beide hintereinander und merken sich die Körperausdrücke, die sie sich hinterher gegenseitig präsentieren.

Variante zu dritt (A,B,C): A berichtet 5 Minuten lang in der Ich-Form (Ich habe heute ..., gestern war ich ..., letzte Woche wurde ich ...). B nimmt die Zeit und achtet darauf, daß A in der Ich-Form bleibt. B und C hören kommentarlos zu und konzentrieren sich darauf, was sie von A – über den berichteten Inhalt hinaus – wahrnehmen. Atmosphärisch und insbesondere an Bewegung: sie entwickeln als innere Resonanz ein szenisches Bewegungsmuster (statisch oder dynamisch) und einen Satz dazu, behalten beides aber zunächst für sich. Nach den 5 Minuten schließt A die Augen, entwickelt ein eigenes Bild von seiner Lebensbewegung und nimmt die entsprechende szenische Haltung ein. B und C nehmen ebenfalls – das alles noch ohne Sprache – ihre Bewegungsmuster ein. Wenn sie soweit sind, geben sie A ein Signal. A öffnet die Augen und wird in seiner Skulptur mit den Skulpturen und Sätzen von B und Coaching konfrontiert. Zwei Minuten Zeit zur Wahrnehmungssicherung, dann Nachfragen und Austausch (5-10 Min.).

Rollenwechsel – Rollenwechsel – nach den 3 Durchgängen Entscheidung für eine Szene, die in Gesamtgruppe vorgestellt wird.

Leitung und Energie II – Energiehaushalt und Leitungsrolle

Setting: Leitungstraining

Material: Coaching-Seile, Papier und Stifte

Kontaktaufnahme zum Thema: Jeder Teilnehmer läßt innerlich eine Szene aus seinem Leitungsalltag in sich aufsteigen. Er entwickelt ein inneres Bild von der eigenen Energie in dieser Szene und legt dann das Coaching-Seil nach diesem Bild aus. Er findet einen Titel für seine Auslegung.

Coaching-Dyaden werden gebildet. Teilnehmer A betrachtet das Seil-Bild von B von verschiedenen Seiten, geht drum herum und läßt es auf sich wirken. Er bildet Assoziationen und äußert seine Resonanz: „Ich sehe ... Ich verbinde damit ... Ich vermute bei Dir ...". Danach gibt B eine knappe Schilderung der dargestellten Situation und es entsteht ein kurzes Gespräch. Dann Rollentausch.

Nun nehmen die Gecoachten Veränderungen am Seil vor. Danach Reflexion: Was habe ich gemacht? Was sagt die Veränderung am Seil über die „innen angelegte Intervention" für die Alltagsszene aus. Wie würde ich jetzt in der Szene handeln? Welche kausale Intervention führt zur Veränderung?

Erstellung eines analogen Leitungskalenders

Anschließend blicken die TeilnehmerInnen 5 Tage rückwärts und skizzieren die Leitungssituationen, in denen sie heftige Regungen in sich gespürt haben. Im Coaching-Prozess (A/B) wird überprüft: in welchen Leitungsszenen der vergangenen Woche wurde Energie abgezogen („Saugstelle“) und in welcher Situation gab es einen Energiegewinn („Tankstelle“)? Was hat sich in der Situation beziehungsmäßig bewegt? Was bedeutet das für die Leitungssituation? (→ Energiebilder)

Leitung und Energie III – Energiebilder

Zielsetzung: Vertieftes Erkennen der eigenen Energieverläufe über längere Zeiträume. Veränderung problematischer Energiezustände wie Über- oder Unterladung.

Settings: Coaching-Einheiten von mindestens eintägiger Dauer, z.B. Ausbildungs- oder Trainingscoaching als Prozeß-Einstieg

Material: Pro TN ein großes Blatt Papier (DIN A3), verschiedenfarbige Wachskreiden

Dauer: 60-90 Minuten

Analoge Dokumentation der energetischen Ereignisse eines vergangenen Zeitraums (z.B. eines Tages/einer Woche/einer Sitzung)

1. Phase: erinnern – Die Teilnehmer schließen die Augen und betrachten den ersten zurückliegenden Tag: „Welches energetische Ereignis (Situation, Begegnung, Szene ...) kommt jetzt in den Blick und ist das tagesbestimmende Ereignis gewesen. Den danach zurückliegenden Tag betrachten usw.

2. Phase: vergegenwärtigen – Die Teilnehmerinnen öffnen die Augen und betrachten noch einmal die energetischen Höhe und Tiefpunkte des je einzelnen Tages, entdecken und entwickeln dafür ein Symbol – eine ‚Kennzeichnungs-Skizze‘ – und legen sich darauf fest.

3. Phase: ausdrücken – sie malen die Symbole auf die Papierfläche und bringen sie (eventuell) in Verbindung, so daß eine analoge Dokumentation einer Woche mit der Aufmerksamkeitsrichtung: „Energie-Haushalt“ entsteht

4. Phase: benennen – nach der Ausdruckphase erfolgt eine erste Benennung: wie ist mein Energie-Level in der Woche (z.B. kontinuierlich, auf und ab, mit einem deutlichen Hoch oder Tief)? Wie ist mein Energiestand heute – nach der Woche, wie beginne ich jetzt die nächste Etappe?

5. Phase: Reflektieren – Ist es eine typische Energie-Woche für mich? Ist es eine außergewöhnliche Energie-Woche? Entdecke ich Energie-Muster und Zusammenhänge: Bewältigungs-Muster? Welche Muster werden in den energetischen Szenen sichtbar? Von welcher Qualität ist meine Energie-Bewegung: wie bekomme ich ‚Ladung‘? Wie bekomme ich ‚Überladung‘? Wie bekomme ich Energie-Verlust? Wie entlade ich mich? Explosion, Implosion, Ent-Spannung? (Batterie-Entladung erhöht die Lebensdauer der Batterie). Wie und wann komme ich in den Reserve-Modus (Unter-Energie) in den „roten Bereich“?

6. Phase: Umstrukturierungs-Ansätze sichern – Was will ich verändern und wozu?

- wie will ich das anfangen?
- was muß ich beginnen?
- was muß ich beenden?

Variation „Energetische Ereignisse“

Anwendung: Analoges Protokoll einer Sitzung, Skizzierung des Sitzungsverlaufs: Wie verliefen die Energiekurven (die eigene, die des Teams)? An welchen Stellen gab es beim Einzelnen und/oder beim Team Energie-Verlust, Energiegewinn, energetische Harmonie?

Background: Leitsatz: „Energie ist Information, Information ist Energie“ (*Bateson* und *Watzlawick*)

Systemdiagnosen I – Das Überschreiten der Systemgrenze

Ziel: Reflexion von Systemzugehörigkeiten, von eigenen Mustern beim Betreten und Verlassen von Systemen

Setting: Leitungs- und Beratungsteams, Trainings- und Ausbildungsgruppen

Material: 3 Coaching-Seile pro Dyade

Dauer: 30-40 Minuten

Kontaktaufnahme zu einem aktuellen Grenzübergang – Kontakt zum Seil. Anweisung: „Welche Systeme hast Du in der letzten Woche betreten/verlassen? Welches System kommt Dir jetzt in den Blick? Lege Dich innerlich auf eines fest und überprüfe: Wie bist Du in das System hineingegegangen? Mit welcher inneren mit welcher äußeren Haltung? Mit welchen Stimmungen und Gefühlen? Mit welchem Muster? Drücke das mithilfe des Seils aus (auslegen oder anderer kreativer Umgang). Richte nun Deine Aufmerksamkeit darauf, wie Du aus dem System rausgegangen bist und drücke das mit einem zweiten Seil aus".

Zweiergruppenbildung – Coaching-Dyade (A und B):

Der Coach (B) betrachtet zunächst das Seil, mit dem das Reingehen markiert wurde („Eintritts-Seil"). Er läßt es auf sich wirken und äußert seine Resonanz nach der Systematik: „Ich sehe ... Ich spüre ... Ich verbinde damit". A hört einfach kommentarlos zu.

Nun richtet B seine Aufmerksamkeit auf das zweite Seil (Verlassen des Systems) und benennt ebenso: „Ich sehe ... Ich spüre ... Ich verbinde damit". Danach überlegt der Coach, was wohl in dem System zwischen rein- und rausgehen geschehen ist und legt ein drittes Seil so dazu, wie er den System-Prozeß vermutet. Darauf äußert A seine Resonanz auf das dritte Seil (auf alle drei?): „Ich sehe ... Ich spüre ... Ich verbinde damit".

Dann ausführlicher Austausch, dann Rollenwechsel: die Beratene wird zum Coach.

Systemdiagnosen II – Individuelle Muster im System

Ziel: Sensibilisierung für die Wahrnehmung von individuellen Grundmustern, ihre Funktionen im System und in der System-Dynamik. („Wir sind ein System – jede mit ihrem Muster darin“) – Vorhandene Leitungsmuster und Bewältigungsmuster und ihre Wirkung identifizieren.

Setting: Leitungs-, Beratungs- und Ausbildungsgruppen

Material: Große Papierbögen, Ölkreide

Dauer: 60-90 Minuten

Ausgangssituation: Mehrere Gruppen von jeweils 4 TeilnehmerInnen an einer großen Papierfläche. Jeder entscheidet sich für eine Farbe, wählt den entsprechenden Kreidestift aus und bestimmt seinen Ausgangspunkt auf der Papierfläche.Die Sprache wird eingestellt, der Prozeß verläuft nonverbal.

Anweisung: „Ausgehend von Deinem Ausgangspunkt bewege Dich in diesem System auf dieser Fläche mit Deiner Farbe – und bleibe im Bewegungsfluß.“ Nach ca. 10 Minuten „Stop!“ Jetzt werden die Teilnehmer aufgefordert, die Augen zu schließen und sich den derzeitigen Status ihres inneren Systems zu vergegenwärtigen.

Leitfragen:

- „Wie ist es mir ergangen?“
- „In welcher Stimmung bin ich jetzt?“
- „Welche Gefühlsphasen/-bewegungen habe ich durchlebt?“
- „Womit bin ich in Kontakt gekommen?“

Die Teilnehmer werden aufgefordert in Bewegung zu kommen und das Ganze zu betrachten („Was sehe ich?“), die Perspektiven zu verändern („Was sehe ich jetzt?“), die Wahrnehmungsfolien auszutauschen (Landkarte, Kunstwerk, Körpermodell, technische Zeichnung ...) und jeder für sich einen Titel für das Ganze zu entwickeln. Die nonverbalen Phase endet. Die Gruppenmitglieder kommen über den Austausch ihrer Titel in eine erste Reflexion (5 Minuten).

Nun gehen die Gruppen wechselseitig zu den anderen Bildern bzw. Gestaltungen und verfahren damit wie oben (Anreicherung). Dann geht jede Gruppe zurück zum eigenen Systembild und zum jeweiligen Ausgangspunkt jedes Systemmitgliedes.

Leitfragen: „Wie habe ich begonnen?" „Welches war meine erste Bewegung in die Fläche?" „Wie ging ich dann weiter?" „Entdecke ich mein Muster in dem Ganzen?"

1. Herausmalen (identifizieren) des eigenen Musters auf einem separaten Blatt. Betrachten und das Muster für sich benennen.
2. Wahrnehmung und Benennung der Muster durch die Reflexionpartner bzw. kollegialen Coaches in der Gruppe: Jeder geht zu jedem individuellen Muster, gibt ihm einen eigenen Titel auf einem Zettel, legt diesen verdeckt zum jeweiligen Muster.
3. Konfrontation mit der Außenwahrnehmung: jeder geht zurück zum eigenen Muster und vergleicht seine Benennung mit der kollegialen.

Diese Reflexion findet wieder in der Ausgangsgruppe statt. Alle Kollegen beteiligen sich und spiegeln ihre Funktionshypothesen. Der Austausch findet in metaphorischer Form statt, z.B.: „Ich bin als LeiterIn wie ein Schiff das trägt, weil ..." Wichtig dabei – Phantasien und Assoziationen freien Lauf lassen. Wichtig ist der Bezug auf die Funktion des eigenen Musters in Systemen, z.B.: „Ich bin als LeiterIn wie ein Schiff das trägt, weil ...und habe in meinem System die Funktion eines/als ...".

Zusammenfassung im Plenum: Meine momentane Bilanz jetzt als „Muster-Schüler, individuelle Resümees der eigenen derzeitigen Leitungs- und Bewältigungsmuster.

- Wie sind meine Muster-Funktionen in der Leitungsarbeit?
- Was bewirke ich mit meinen Grundmustern als Leiterin im System?
- Was kann ich verändern?
- Wie kann ich mit problematischen Grundmustern anders umgehen?

Systemdiagnosen III – Wir haben keine Ahnung

Erfahrungs-Raum: Körper – Bewegung – Interaktion in der Coaching-Trainingsgruppe. Standhalten und Ausweichen.

- Wie ist die Energie in der Gruppe? Alle stehen im Kreis. Mit ausgestreckten Armen nähern sich die Hände aller zur Mitte. Energie ist zu spüren („Wieviel Energie hat das System?"). Langsam gehen alle wieder rückwärts. Das Energiegespür tritt in den Hintergrund.
- Standpunkt: macht eine innere kleine Selbstberatung mit kleinem Selbstkontrakt – drei Worte, z.B.: ich mache weiter, ich habe genug, ich steige aus etc.
- Durch den Raum gehen: wer – wann – wozu – ich war es nicht – egal, sprachlich mit Worten, mit Gesten, mit Musik (geeignet ist z.B. der Song von den *Puhdys*: „Wir haben keine Ahnung") gehen - ausweichen – Seitenhiebe – ich war es nicht. So entwickelt sich eine innere Dynamik in der Trainingsgruppe.
- Drei Teams aus je fünf TeilnehmerInnen entstehen. Team ist miteinander in Verbindung und auf dem Weg, Seitenhiebe und sich nicht erwischen lassen, 2 Teams kämpfen miteinander, 1 Team hält sich raus

Reflexionsfragen?

„Wer hatte die strategische Führung? Wer heizte an? Wer hielt zurück? Wer schützte das Team? Welchen Charakter hatte das Coaching-Team?"

Ein Energiekreis als Abschluß: alle stehen Schulter an Schulter, Seite an seite im Kreis. Hineinspüren: „Was hat sich in der Trainingsgruppe bewegt? Was bewegt mich jetzt?" Jeder äußert einen Satz zum gegenwärtigen eigenen Erleben.

Systeme ohne Worte I – „ Wir da unten – Ihr da oben"

Ziel: Umgang mit Hierarchie-Dynamiken in Systemen

Die Trainingsgruppe bewegt sich in einer aufwärmenden und sensibilisierenden Körpererfahrung: Gehen, anhalten, weitergehen und dann gebeugt gehen und anhalten, dann in Streckung gehen, anhalten und weitergehen. Im nächsten Schritt wird die Trainingsgruppe in A und B-Positionen aufgeteilt.

Die Hälfte der TeilnehmerInnen geht hinunter in eine sitzende oder hockende Haltung auf den Boden (A), die andere Hälfte bleibt stehend und gehend oben (B).

- Zunächst nehmen die unten miteinander Blickkontakt auf und tun so, als gäbe es die da oben gar nicht. Die da oben haben untereinander ebenfalls Blickkontakt und tun so, als gäbe es die da unten nicht. Anweisung: jeder bleibt auf seiner Ebene. Die Ebenen sind nicht in Kontakt miteinander.
- In der nächsten Phase bekommen die da unten die Anweisung, mit „energetischen" Blicken Kontakt mit denen da oben aufzunehmen. Die da oben bekommen die Anweisung, auf keinen Fall den Blickkontakt auf der oberen Ebene zu unterbrechen, vielmehr alle Blickversuche von unten zu ignorieren.
- Die da unten nehmen nun in Richtung oben Gesten der Kontaktaufnahme und des Wahrgenommenwerdens dazu und weiter ein paar intensive Worte: „bitte, hallo, hier bin ich, sieh mich an"
- Bis hin zu ein paar Körperberührungen zu denen da oben.
- Die da oben bleiben im Blickkontakt auf ihrer Ebene, ignorieren die Kontaktversuche von denen da unten.
- Wann kippt es, wann hält einer da oben nicht durch und wendet sich denen da unten zu? Wann steigt einer da oben – oder da unten – aus? Wer hält die Spannung des Kontaktes dieser Verweigerungsart nicht aus und durch?
- STOP – die da oben treffen sich als Gruppe und teilen sich einander mit, was war leicht, schwer aushaltbar, nicht aushaltbar, wie war das Machtgefühl, wann kippte es um?
- Die da unten treffen sich als Gruppe und teilen sich einander mit, Empfindungen, Gefühle, Wut, Angriff, Macht, Ohnmacht, wann kippte es?
- Wechsel der Gruppen und gleicher Verlauf.
- Abschluss in der Trainingsgruppe: Womit bin ich in Kontakt gekommen? Bin ich als Coach eher unten oder oben im System?

Assoziationen: Bettler, arm und reich, soziale Gegensätze, auf jemanden herabsehen, zu jemandem aufschauen, Helfersyndrom (wo ist mein wunder Punkt?), mit welcher Strategie „bettele“ ich am erfolgreichsten? Wie gelingt die Abgrenzung?

Systeme ohne Worte II – Team ohne Worte

Ziel: Training der Wahrnehmung von Phänomenen in Subsystemen und Teams. Diagnose-, Hypothesen- und Interventions-Training für Coaches.

Die Trainingsgruppe Coaching teilt sich in Untergruppen, in Teams mit ca. 5 TeilnehmerInnen. Zu jedem Team kommt ein außenstehender Coach, der auch ‚draußen‘ bleibt.

Das Team verbindet sich über Handkontakt oder über Stäbe und Seile. Anweisung durch Lehrcoach: Stellt euch jeweils vor: „Wohin will ich gleich mit meinem Körper und mit meinen Händen?“ (Zielvorstellung). Entscheide dich für eine Richtung und gehe für die Richtung auch in Energiebereitschaft. Tu es noch nicht, sondern bleibe zunächst in deinem inneren Entwurf, deiner inneren Vorstellung für das, was du gleich, nach dem Signal tun wirst. Alle im Team werden es tun. Keine weiß vom anderen, welche Richtung er einschlagen wird.

Der Coach von außen beobachtet die Bereitschaft des Teams und stellt sich auf die Wahrnehmung dessen ein, was gleich geschehen wird. Es folgt das Signal: tut es jetzt!

Die Teamer tun es klar und eindeutig, mit Energieeinsatz. Einzige Regel: einander nicht verletzen.

Wohin bildet sich das Team, was zeigt es jetzt? In welchen Beziehungen wird was sichtbar, analog, direkt, unmittelbar?

Das Team hält auf Anweisung hin inne („friert die Kontakte ein“) und skulpturiert somit den Stand nach dem Anweisungs-Stop.

Der Coach sieht, nimmt wahr und bildet für sich eine Hypothese als Grundlage für sein Handeln (Intervention). Was wird er unterbrechen, was verstärken, wo wird er ansetzen, was leitet ihn, welche Hypothese überprüft er?

Dieser Prozess läuft in den Teams der Trainingsgruppe parallel. Es gibt mehrere Durchgänge, jeweils mit Coachwechsel.

Teams und Coaches werten die Prozesse aus. Was haben die Teamer realisieren wollen?

Welches Thema hat das Team gezeigt? Was hat der Coach gesehen? Welche Hypothese hat der Coach entwickelt? Wie hat er sie überprüft, was hat er dazu ‚am Team getan'?

Variationen:

Jedes Team-Mitglied bildet eine Hypothese zum Team-Prozess aus seiner Binnensicht.

Systeme ohne Worte III – Organisation ohne Worte

Ein komplexes System mit 3 Hierarchie-Ebenen – ohne Worte – (obere, mittlere, untere Ebene, Außenkreis, Wechsel der Gruppen und Ebenen) Setting entsteht aus den Lerngruppen.

Im Raum wird mit der gesamten Trainingsgruppe die Hierarchie einer Organisation mithilfe von Tischen und Stühlen aufgebaut. Vorher wird gefragt und festgelegt, wer die Coaches von außen sind.

Drei TeilnehmerInnen stehen auf den Tischen, fünf TeilnehmerInnen stehen auf den Stühlen, die sich in unmittelbarer Nähe am rund um die Tische befinden, Fünf TeilnehmerInnen stehen auf dem Fußboden bei den Stühlen. Zwei Coaches sind in entfernter Position (außerhalb des Systems).

Die TeilnehmerInnen innerhalb des Systems sind über Hände und Coaching-Seile auf der gleichen Ebene und von Ebene zu Ebene miteinander verbunden. Ein komplexes Organisationssystem mit drei Hierarchieebenen wird so unmittelbar sichtbar.

Es folgen Anweisungen der Coaches mit verschiedenen Experimentier- und Aufmerksamkeitsrichtungen, z.B.:

- Bewegung geht von der unteren Ebene (Boden)
- Bewegung geht von der mittleren Ebene (Stühle)
- Bewegung geht von der oberen Ebene (Tische) aus

Variante

„Stellt euch jeweils einzeln vor: ‚Welchen Impuls mit welcher Zielrichtung will ich gleich in dieses System geben?' Entscheidet euch für die Richtung und geht dann in die Energiebereitschaft. Macht euren inneren Entwurf ganz klar und realisiert ihn, wenn die Aufforderung kommt."

Danach jeweils Wahrnehmung von außen: „Ich sehe ..." und einen Begriff für das System.

Auflösung des Systems: jeder sagt einen resümmierenden Satz: „Ich im System ..."

Abschluß: Erkenntnisgewinn für meine Rolle als Coach

Polaritätenhaushalt

I. Bestandsaufnahme von Polaritäten

Setting: Kontroll-Coaching, Coaching-Ausbildung. Einzelne Elemente sind in fast jedem Team- und Einzelcoaching anwendbar.

1. Körperlich-bewegliche Aktivierung – die eigenen Leitbilder befragen und sprechen lassen. Was leitet mich?
2. mein heutiges Befindlichkeits-Symbol verkörpern: eine skulpturelle Haltung
3. damit in Kontakt mit anderen Symbol-Verkörperungen gehen und spüren, was in dem Kontext geschieht. A verkörpert einen Pol (ohne diesen zu benennen), B reagiert mit Verkörperung darauf, Mitteilung und Austausch: Welchen Pol habe ich (B) gesehen und welche Polarität habe ich hergestellt? Welchen Pol habe ich (A) verkörpert und was wurde mir Gegenüber?

Variationen in Triaden

- C (Außenwahrnehmung) nimmt wahr und benennt, welche Polarität für ihn erkennbar ist.
- C skulpturiert A und B je zum Pol einer Polarität und C nimmt zu beiden Polen gleichzeitig Kontakt auf, die Pole beginnen aufeinander zu wirken und sich zu bewegen

Was mache ich mit der Wirkung und Bewegung der beiden Pole? Was bewirken die beiden Pole bei mir?

II. Typisierungen von Polaritäten

Coaching-Prozess zur Erinnerung und Vergegenwärtigung der eigenen Polaritäten. Coach als Chefin des Settings strukturiert den Verlauf.

Material: Farbwachskreise, Papier

1. Polaritäten in mir (Binnen-System-Polarität)
2. zwischen uns, mir und dir (Beziehungs-Polarität)
3. hier im System (System-Polarität)
4. dort in meinem (Arbeits)-System
5. zwischen mir und anderen in meinem Arbeitsfeld (Arbeits-Beziehungs-Polaritäten)

Die Coaching-Gruppe geht durch den Raum. Stop und Augen schließen, nach innen schauen. Welchen Polen, welcher Polarität begegne ich jetzt in mir? Welche spüre ich?

Entscheide dich für eine Farbe (Wachskreide) und drücke die Entdeckung auf dem Papier aus: malen, skizzieren, symbolisieren.

Die Coaching-Gruppe geht wieder. „Stop und schau in die Beziehungen hier in der Gruppe: Welche Polarität zwischen mir und dir entdecke ich? Welche bekommt Energie?“

Entscheide dich für eine Farbe (Wachskreide) und drücke die Entdeckung auf dem Papier aus: malen, skizzieren, symbolisieren.

Die Coaching-Gruppe geht ein drittes Mal durch den Raum. „Stop und schau auf die Gesamtgruppe hier: welche Polarität entdeckst du im System?“

Das gleiche Vorgehen folgt zu den Polaritäten in Arbeits-System und Organisation sowie in den Arbeits-Beziehungen, so daß schließlich jeder Teilnehmer fünf gemalte Symbolisierungen auf dem Papier hat.

Der Coach fordert auf, alle aufgemalten Polaritäten zueinander zu legen und – jeder für sich – einen ersten Vergleich vorzunehmen.

III. Coaching-Arbeit mit Polaritäten

Coaching zur Reflexion der eigenen Polaritäten

Jeder wählt einen Polaritäts-Typ aus seinem Sortiment aus – klar und deutlich. Es bilden sich Coaching-Triaden (Variation: Coaching-Dyaden oder Quartette) mit der Rollenverteilung: zu Coachende, Coach, Co-Coaches

Coaching-Schritte:

1. Arbeitsbeziehung: wie geht es dir jetzt mit dir (zu Coachende), mit mir (Coach), mit dem Medium (den skizzierte Polaritäten)

2. Benennung des Systems aus dem die Polarität ist, Benennung der Pole und der Polarität

3. Identifikation mit dem jeweiligen Pol – Haltung für den jeweiligen Pol einnehmen und ausdrücken. Sprechen als der Pol – ich bin ....

4. Dialog (jeweils auch Platzwechsel)

5. Grundmuster: nach welchen Grundmustern agiere ich mit den Polen und mit der Polarität? Wie agieren Pole und Polarität mit mir?

6. Vergleich – in welchen Systemen tauchen diese Muster ebenfalls auf?

7. Einschätzung der Funktion – wozu brauche ich diese Muster?

8. Entscheidung: Will ich sie beibehalten? Wenn ja, wozu? (Funktion) Will ich sie verändern? Wenn ja, wie und wohin? (Ziel, Richtung)

9. Wirkungshypothese – was wird im System geschehen, wenn ich das Polaritätenmuster beibehalte, was, wenn ich es verändere?

IV: Skulpturieren von Polaritäten im System

Setting: Plenum. Alle auf den Blättern aufgemalten System-Polaritäten liegen in der Mitte der Coaching-Gruppe.

Einer entscheidet sich für seine Polarität, die er im System wahrgenommen hat und beginnt unter Begleitung durch den Coaching-Trainer, die Gruppe – sozusagen auf der System-Bühne – nach seiner Polaritäten-Wahrnehmung zu skulpturieren,

Variationen:

Die Pole bekommen Stimme, Töne, Sprache, Bewegungen, Hilfsmittel: Seile, Stäbe ...

Coaching-Trainer: Welche Botschaft haben die Pole für dich im System? Im System hier, in deinen Arbeits-Systemen draußen?

Veränderung: Akteur schaut nun zu und die Pole beginnen ein Eigenleben, entwickeln eine Eigendynamik.

Was wird nun sichtbar, erkennbar und für den passiv zuschauenden Skulpturierer benennbar? Was ist für ihn interessant? Was ist für die Coaching-Gruppe interessant?

Eventuell zu den gleichen Polen ein weiterer Durchgang mit einem anderen Akteur, sonst ist die nächste Teilnehmerin an der Reihe, wieder begleitet durch den Coaching-Trainer.

Bündelung: Was mach ich mit den Polen und der Polarität? Was machen die Pole mit mir? Welches Muster wird erkennbar?

V. Polaritäten in Beziehungen

Setting: In der Mitte des Raumes stehen zwei Stühle gegenüber, ein dritter Stuhl steht etwas entfernt für die Wahrnehmungs-Position.

Die TeilnehmerInnen der Coaching-Gruppe richten ihren Blick auf die entdeckten Pole und deren Polarität in Beziehungen: hier – „ich im Kontakt zu dir“ und dort – „ich im Arbeitsfeld“

Coach fordert auf: Wer will eine Beziehungs-Polarität anpacken? Jemand nimmt seine Aufzeichnung und setzt sich in die „Dialog – Mitte“

A tut es und fordert sein Beziehungs-Gegenüber B von vorhin (s.o.) auf, eben falls in die Mitte auf den Gegenüberstuhl zu kommen. A benennt die Beziehungs-Polarität und B benennt seine Resonanz

Die Coaching-Gruppe setzt sich ‚innerlich' auf den Wahrnehmungs-Stuhl und vergleicht die je eigene Wahrnehmung dieser polaren Beziehung. Der Coach bitten nun B, seine Beziehungspolarität zu benennen, auch, wenn sie nicht in dieser Beziehung entstanden ist. Dann fordert er die beobachtenden TeilnehmerInnen der Coaching-Gruppe auf, sich auf den dritten Stuhl zu setzen und die Beziehungs-Wahrnehmung zu benennen.

Kurzer Dialog und Bündelung.

Hintergrund

Eine Polarität besteht immer aus zwei Polen, die im gegensätzlichen Verhältnis zueinander stehen

Zwischen beiden Polen einer Polarität ist ein Energiefeld

- die Energie kann „positive oder negative" Auswirkungen auf mich haben
- im polaren Spannungsfeld entwickeln sich meine Erlebnis-Strukturen und Handlungs-Muster (situative Bewältigung)
- Muster kann man/frau wahrnehmen, von ihnen kann man auf zugrunde liegende Polaritäten schließen (Hypothesen-Bildung!)

Haltungen sind verkörperte Muster, in ihnen spiegelt sich die Polaritätenkonstellation und -dynamik (→ Polaritätenhaushalt)

In Systemen werden Polaritäten aktiviert und damit geladen

Beispiel: ich treffe wieder auf einen Menschen, der den von mir abgewehrten Pol einer Polarität repräsentiert, mein Muster „springt an"

ich werde wütend – Energie wird mobilisiert (Muster)

ich werde depressiv – Energie „sackt" weg (Muster)

VI. Der Polaritätenstern

Jeder Teilnehmer skizziert seinen individuellen Polaritätenstern, um zu überprüfen, wie der momentane Kontakt zum jeweiligen gegensatzpaar ist: Zu welchen Polen habe ich Kontakt? Welche Pole liegen im Schatten? Welche Pole lebe ich überwertig? Vergleiche hierzu auch *Joseph Zinker* 1993 und *Kurt Richter* 1997.

Coaching-Ausbildung I – Rollen-Entwicklungs-Stand

Eine Sequenz aus der Ausbildung zum Coach

Entwicklungs-Bewegung in der neuen Rolle als Coach – Themen – Befürchtungen – Herausforderungen – Ankommen. Zum Joining, zum hier sprachfähig Werden, wird die Einstiegsübung (→) „Rund oder eckig" eingesetzt.

Dann Gesamtrunde im Plenum mit den Fragestellungen: Was war für mich interessant? Was war für mich am Coaching unterstützend, vertiefend, spurensichernd und zielergiebig? (hier erfolgt die große Plenums-Runde mit Mitteilungs-Zusätzen und der Vergewisserung der Namen)

Streichholz-Reliefs

Material: 50 gefüllte Streichholzschachteln, die mit unterschiedlichsten Bildmotiven beklebt sind.

In der Mitte des Raumes sind Streichholzschachteln mit Inhalt ausgelegt. Jede Schachtel ist mit einem Bild/Motiv beklebt.

Zunächst schaut jede/r hin und spürt, welches Motiv spricht mich an? (Genügend Auwahl vorhanden). Jede/r nimmt sich ihre/seine Schachtel und sorgt dann für den Ort der weiteren Arbeit. Dazu genügend Platz für sich und eine Papier oder Stofffläche ca. DIN A 3.

Bequemer Sitz auf dem Stuhl oder auf dem Boden und zunächst ‚spielen' mit der Streichholzschachtel, das Motiv auf der Schachtel noch einmal betrachten, die Schachtel öffnen und wieder schließen: „wenn ich an meine neue Rolle als Coach denke, spüre, fühle ich, wie offen bin ich dafür und wenn ich mich öffne für die neue Rolle, dann bewegt mich – dann bewege ich – ...“

Nun beginnt (ganz ohne Worte) die Auslegung der Streichhölzer auf der Fläche, dies kann ganz langsam geschehen oder blitzartig, Streichhölzer dürfen zerbrochen werden und so weiter.

„Laß das, was dich bewegt und oder was du bewegst über die Hände mit den Streichhölzern auf die Fläche (es entstehen Bewegungsmuster unterschiedlichster Art). Auf der Fläche liegt nun – ausgelegt – der derzeitige Rollen-Gestus, die ganz persönliche Bewegung in und mit der neuen professionellen Entwicklungs-Rolle. Jede/r betrachtet zunächst ihre/seine Auslegung und findet dann einen Platz für die Schachtel mit dem Bild/Motiv: wohin gehört sie in dieser Gestaltung – oder war sie nur der Behälter der Hölzer?“

Coaching-Prozeß: Bildung von Coaching-Triaden (A-B-C)

A bittet B+C zu sich herüber (Achtung: die im Raum befindlichen Rollen-Entwicklungs-Bilder sind empfindlich, sie sind nicht festgeklebt!). B+C sagen: ich sehe ... – ich verbinde damit (immer und immer wieder, mit Perspektivwechsel etc.). A hört nur zu – nach ca. 5 Minuten sagt A: das habe ich ausgelegt, ich nenne es ...dabei bewegen mich folgende Themen ...dabei bewege ich folgende Themen. ...

Abschließend kurze Diskussion und Rollen- und Ortswechsel.

Bildliche Gestaltung des eigenen Musters

Nach Abschluß der Coaching-Triaden geht jede/r wieder zu seinem/ihrem Relief und nimmt ein zusätzliches Blatt und Wachskreide, um die Grund-Bewegung/den originären-individuellen Rollen-Gestus in der Grundstruktur aufzuzeichnen. Die Reliefs werden aufgelöst.

Fortsetzung: es bilden sich völlig neue Coaching-Triaden (A-B-C). A zeigt ihre/seine Aufzeichnung und sagt: dieses habe ich so entdeckt und gemacht und ich nenne es ... und folgende Themen verbinden sich für mich damit. B+C schauen und sagen, was sie sehen und wie sie es nennen; und welche Themen sie damit in Verbindung bringen. A darf sich nicht rechtfertigen, sondern die übereinstimmenden Sichtweisen und Themen und die diskrepanten Sichtweisen und Themen gelten lassen.

Unterschiedlichkeit aushalten – erst weit werden – nicht eng – dann fokussieren.

Variation

Streichholz-Reliefs zu anderen Themen, z.B.: Was bewegt mich in meiner Organisation als Leiterin?

Coaching-Ausbildung II – Interventionsdiagnose

Ziel: Umgang mit Hindernissen und Beeinflussungen im Coaching-Prozeß

Setting: Die TeilnehmerInnen sind – untereinander mit Seilen und Stäben verbunden – auf Stühlen sitzend im Raum verteilt. Die Hälfte entscheidet sich – ohne es bekanntzugeben – in diesem System förderlich zu agieren, die andere Hälfte entscheidet sich für hinderliche Beeinflussungen.

Ein Teilnehmer ist Coach, einer ist Klient, je nach Gruppengröße gibt es noch Beobachterinnen im Außenkreis. Der zu coachende begibt sich an eine Eingangsstelle des Systems und schließt die Augen. Der Coach bleibt ausserhalb des Systems und beginnt nun, seinen Klienten mit verbalen Interventionen durch das System zu (beg-)leiten. Der Prozess beginnt – ohne Worte – in das System kommt Bewegung. Die Förderer und Hinderer führen ihre jeweiligen Interventionen aus. Regel dabei: sie dürfen den Stuhl nicht verlassen.

Die im folgenden aufgeführten grundlegenden Aufmerksamkeitsrichtungen für den analogen externen Coachingprozeß können auch im Sinne eines reflecting-systems an die Beobachter im Aussenkreis verteilt sein:

- Erlebnis-Ebene (alle:) Womit bin ich in Kontakt gekommen, Szenen, Bilder, Gefühle, Rückspiegel, Lust, Perspektive als Coach, Herausforderung, Unterstützung?
- Rolle und Haltung: Wie war der individuelle Gestus (ich bin die Grundintervention), Verbindung zur Rolle hier im Anleitungspro-

zeß, Rollenpräsenz, Rollenklarheit, Zusammenarbeit des Rollengespanns.

- Intervention: Thematischer Bezug und Zusammenhang zum „Coaching-Entwicklungsstand“. Analogien, welche Interventionen, Klarheit der Interventionen, Richtung und Wirkung ...
- Prozeß: Verlauf der Einheit („Sitzung“), Struktur und Aufbau, Etappen, Spannungsbogen, Vertiefungen, Fokussierungen.

Variation

Coach und Klient gehen gemeinsam mit geöffneten Augen durch das System und sind durch einen Tennisball miteinander verbunden. Die Verbindung darf nicht gelöst werden, der Tennisball (Coachingball) darf nicht zu Boden fallen. Diese Variation symbolisiert einen internen Coaching-Prozess.

3. Materialien und Arbeitspapiere

- Das Systemhaus
- Das Coaching-Konzept „Begegnungsraum“
- Modell „Coachen von Subsystemen – Teamentwicklung“
- Das Identifikationsthermometer
- Wann werden Schwierigkeiten zur Krise
- Der Talentgarten – eine Phantasiereise
- Kollegiales Coaching – Strukturschema
- Kollegiales Coaching – Anwendungsprinzipien
- Beweg-Gründe und Hemmschuhe
- Evaluationsbogen für Coaching-Prozesse
- Coaching mit System im Überblick

Das System - Haus

als Entwicklungs-Raum für berufliche Identität, Heimat, Qualität

©Heinrich Fallner 1998

(Rohbau: Ingo Boxhammer - Innenausbau: Heinrich Fallner)

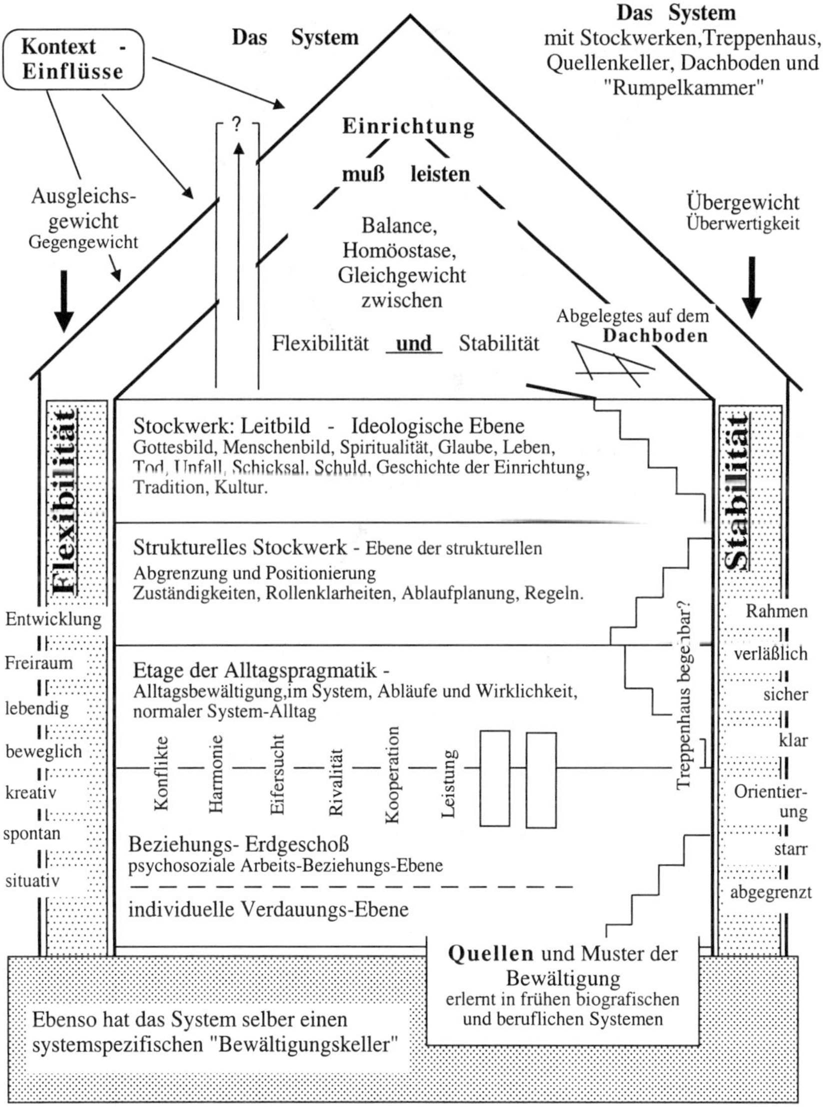

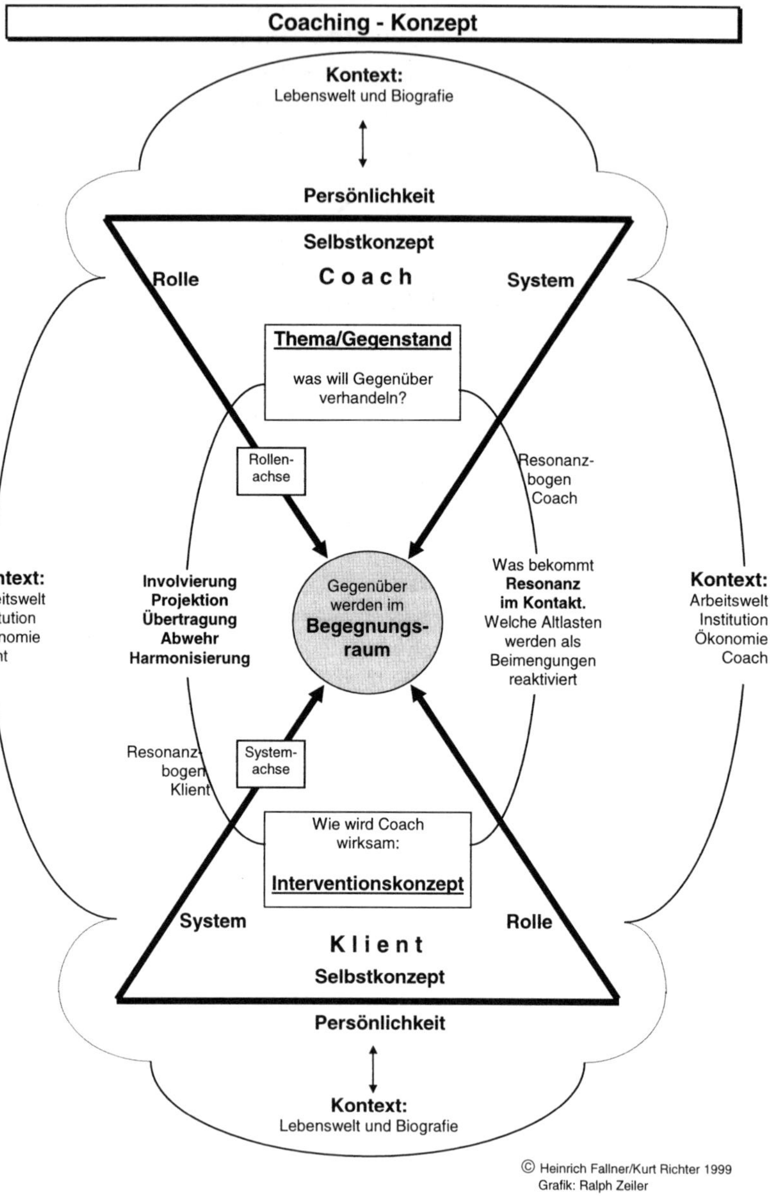
Coaching - Konzept
Kontext:
Lebenswelt und Biografie
Persönlichkeit
Selbstkonzept
Rolle
Coach
System
Thema/Gegenstand
was will Gegenüber verhandeln?
Rollen-achse
Resonanz-bogen Coach
Kontext:
Arbeitswelt
Institution
Ökonomie
Klient
Involvierung
Projektion
Übertragung
Abwehr
Harmonisierung
Gegenüber werden im
Begegnungs-raum
Was bekommt
Resonanz im Kontakt.
Welche Altlasten werden als Beimengungen reaktiviert
Kontext:
Arbeitswelt
Institution
Ökonomie
Coach
Resonanz-bogen Klient
System-achse
Wie wird Coach wirksam:
Interventionskonzept
System
Rolle
Klient
Selbstkonzept
Persönlichkeit
Kontext:
Lebenswelt und Biografie
© Heinrich Fallner/Kurt Richter 1999
Grafik: Ralph Zeiler

Coaching von Subsystemen
Teamentwicklung

Team-Praxis;
Aufträge, Arbeit Beziehungen,
Rollen,Interaktionen

Institutionseinflüsse

Gesellschaftiche
Bewegung

Beeinflussung durch:
Klienten-,
Adressaten-,
Kundensystem

Lebenssituation
der TeamerInnen als
Kontext, als einfließende
Systeme.

privat
gesellschaftlich
biografische
Perspektive

Kontakt u. Arbeitsbeziehung
Klarheit des Kontraktes

Klarheit der Haltung
Prägnanz der Rolle
Klarheit des Settings
Auftrag der Beratung
> verdeckter Auftrag
Ziele des Teams

Ausstattung für Beratungsarbeit
Wahrnehmung und Diagnose
im Beratungsprozeß
Beratungsstrategie
Interventions-Prägnanz
Methoden und Medien
Hypothesen überprüfen

In der Korrespondenz
Thema / Konflikt und Quellenszene:

- ➢ QS des Teams (System und Geschichte)
- ➢ QS des Einzelnen (biografische Perspektive)

Rückspiegelarbeit
(Perspektivwechsel von Fläche in Tiefe)

In der Beziehungs-Fläche und den aktuellen Themen/Konflikten arbeiten:
- ➢ Bewältigungs-Muster
- ➢ Vermeidungsstrategien
- ➢ Professionalität

Ebenen im Prozeß

- ➢ Erlebnis-Ebene im Team
- ➢ Handlungs-Ebene im Team
- ➢ Team-Konzept-Ebene

- Ideologische Ebene (Leitbild)
- Strukturelle Ebene, Rollen und Zuständigkeiten
- Funktional-pragmatische Ebene
  Alltags-Regelung: Verteilungspläne
  - Psycho-soziale Ebene
    Binnensystem, Bewältigungen informelle und verdeckte Rollen

Das Thema und seine Qualität in der Teamberatung:

- ➢ Funktion des Themas in der Beziehung
- ➢ Phänomen? Bewältigungsart und -kultur
- ➢ Problem? Was/wer steht in Spannung? Zu was/wem (Polaritäten im System)
- ➢ Symptom? Als Ersatz-/Scheinlösung und „Fenster“ zu verdeckten Problemen

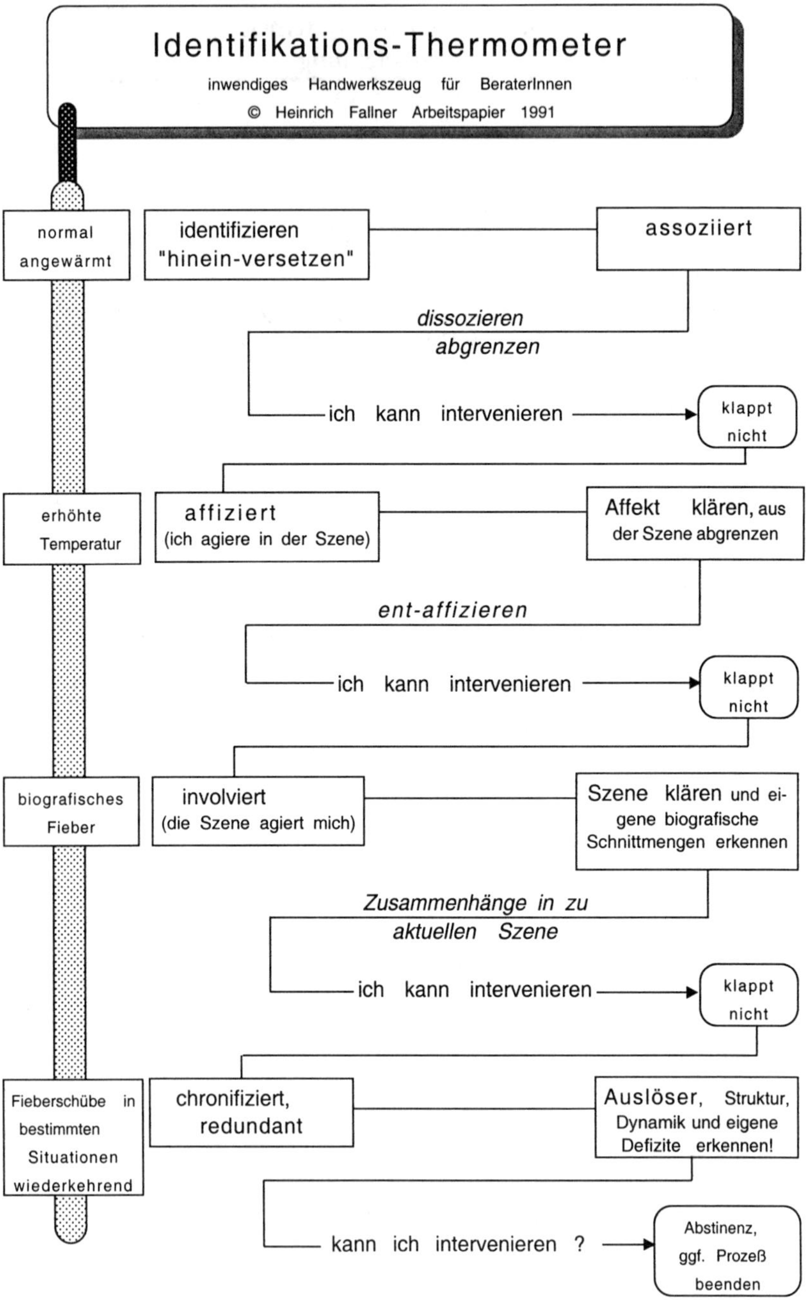
Identifikations-Thermometer
inwendiges Handwerkszeug für BeraterInnen
© Heinrich Fallner Arbeitspapier 1991
normal angewärmt
identifizieren "hinein-versetzen"
assoziiert
dissozieren abgrenzen
ich kann intervenieren
klappt nicht
erhöhte Temperatur
affiziert (ich agiere in der Szene)
Affekt klären, aus der Szene abgrenzen
ent-affizieren
ich kann intervenieren
klappt nicht
biografisches Fieber
involviert (die Szene agiert mich)
Szene klären und eigene biografische Schnittmengen erkennen
Zusammenhänge in zu aktuellen Szene
ich kann intervenieren
klappt nicht
Fieberschübe in bestimmten Situationen wiederkehrend
chronifiziert, redundant
Auslöser, Struktur, Dynamik und eigene Defizite erkennen!
kann ich intervenieren ?
Abstinenz, ggf. Prozeß beenden

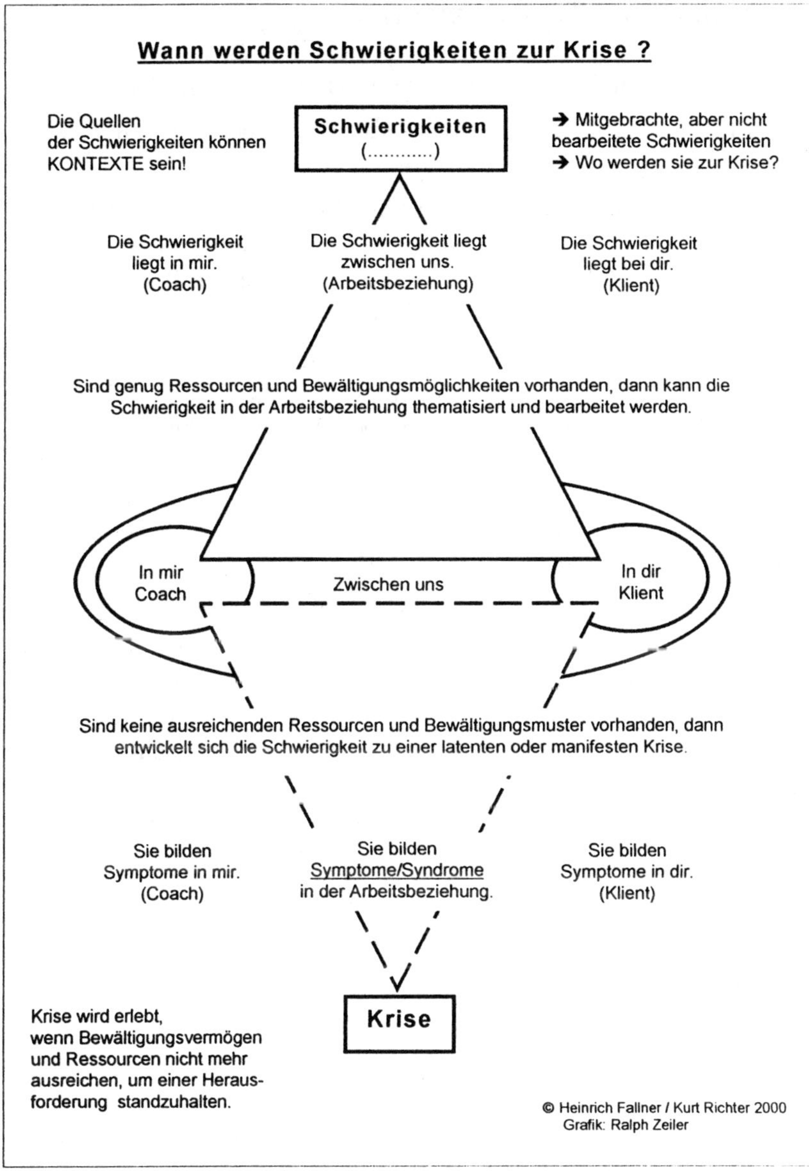
Wann werden Schwierigkeiten zur Krise ?
Die Quellen der Schwierigkeiten können KONTEXTE sein!
Schwierigkeiten
(...........)
➔ Mitgebrachte, aber nicht bearbeitete Schwierigkeiten
➔ Wo werden sie zur Krise?
Die Schwierigkeit liegt in mir. (Coach)
Die Schwierigkeit liegt zwischen uns. (Arbeitsbeziehung)
Die Schwierigkeit liegt bei dir. (Klient)
Sind genug Ressourcen und Bewältigungsmöglichkeiten vorhanden, dann kann die Schwierigkeit in der Arbeitsbeziehung thematisiert und bearbeitet werden.
In mir
Coach
Zwischen uns
In dir
Klient
Sind keine ausreichenden Ressourcen und Bewältigungsmuster vorhanden, dann entwickelt sich die Schwierigkeit zu einer latenten oder manifesten Krise.
Sie bilden Symptome in mir. (Coach)
Sie bilden Symptome/Syndrome in der Arbeitsbeziehung.
Sie bilden Symptome in dir. (Klient)
Krise
Krise wird erlebt, wenn Bewältigungsvermögen und Ressourcen nicht mehr ausreichen, um einer Herausforderung standzuhalten.
© Heinrich Fallner / Kurt Richter 2000
Grafik: Ralph Zeiler

Fantasiereise „Talentgarten"

Ziel: Zugang zu unbekannten bzw. verschütteten inneren Potentialen

Material: Ölkreide, großes Papier, Musik (in der Art von Kitaro), eventuell Decken.

„Bitte machen Sie es sich bequem (Auf Decken oder im Sitzen, vielleicht an die Wand gelehnt). Nehmen Sie sich Raum. Schließen Sie bitte die Augen. Ich möchte Sie jetzt zu einer kleinen Reise nach innen anregen. Begeben Sie sich auf Talentsuche.

Es ist Frühling. Die Luft ist angenehm mild. Alles hat angefangen zu blühen. Die Luft ist gefüllt mit den Geräuschen des Frühlings. Sie sind im Freien und gehen spazieren. Der Weg führt über eine Wiese, an einem rauschenden Bach entlang. Es ist warm und ein leichter Wind weht. Der Weg führt weiter und Sie gehen an einer alten Mauer entlang, die mit Efeu bewachsen ist. Nach einer Weile stehen Sie vor einem Tor. Das Tor ist offen und Sie gehen hindurch. Sie schauen sich um und finden sich in einem alten verwunschenen Garten wieder.

Sie sind im Garten der Talente. Alles, was Sie dort sehen, riechen, fühlen, sind Ihre Talente. Alles was dort wächst, wächst in Ihnen selbst. Manches ist Ihnen vertraut, manches, was Ihnen hier begegnet, ist in Vergessenheit geraten, manches ist Ihnen vielleicht noch nie aufgefallen. Schauen Sie sich in aller Ruhe ein paar Minuten in dem Garten um. Nehmen sie sich Zeit. Nehmen Sie sich Ihren Raum.

- Was sehe ich in dem Garten?
- Wie fühlt es sich an?
- Was ist mir bekannt?
- Was kann ich dort neu entdecken?

– Nur-Musik-Phase (10-15 Minuten) –

Schauen Sie sich noch einmal um – es ist ein schöner Ort. Trotzdem verlassen Sie den Garten jetzt wieder. Sie gehen wieder durch das Tor. Sie gehen den Weg zurück. An der Mauer entlang, an dem rauschenden Bach vorbei, über die Wiese. Es ist immer noch Frühling. Und Sie öffnen die Augen."

Die TeilnehmerInnen haben 15 Minuten Zeit, den eigenen Talentgarten mit Farbe auf das Papier zu bringen. Die Auswertung erfolgt je nach Gruppengröße im Plenum (kleinere Gruppen) oder in Zweier- bzw. Dreiergruppen. Leitfragen:

- Welche bekannten und genutzten Talente,
- welche bekannten, aber ungenutzten (verschütteten) Talente
- welche unbekannten Talente sind mir in den Blick geraten?

Kollegiales Coaching – Struktur-Schema

Phase	*Schritt*	*Aktivität Fallein-bringerIn*	*Aktivität Gruppe*	*zu beachten*
Übersicht verschaffen	Rollen-verteilung	Entscheidung über aktuelle Rolle treffen (FalleinbringerIn, ModeratorIn, TeilnehmerInnen)		
	Darstellung	beschreiben der Situation bzw. des Problems	zuhören	
	Informations-sammlung	exakt antworten	sachliche Informationsfragen stellen	noch keine Lösungs-vorschläge!
Genauer betrachten	Bildersammlung	zuhören	Bilder und Assoziationen entwickeln	auch „Unvernünftiges" äußern
	Analyse	zuhören	Hypothesen, Erklärungen, Gründe ent-wickeln	noch keine Lösungs-vorschläge!
	Standort-bestimmung	Reaktion auf Bilder & Hypothesen (positiv/negativ)	zuhören	
	Lösungs-sammlung	zuhören	Konkrete Lösungsvorschläge anbieten („An Ihrer Stelle würde ich...)	sich wirklich in FalleinbringerIn hineinversetzen
Lösungen suchen und Entscheiden	Entscheidung	eigene konkrete Vorsatzbildung entscheiden und begründen	zuhören	
	Bilanz	Befindlichkeit und Lerngewinn	Eigener Bezug zum Thema und Lerngewinn	

Auswertung/Reflexion („Was lief gut? Was könnte beim nächsten Mal besser laufen?)

Kollegiales Coaching – Anwendungsprinzipien

Externes Coaching ist meist wirksamer als internes, manchmal fehlt es jedoch an den finanziellen Mitteln. Dies kann ein Gesichtspunkt sein, sich auf die vorhandenen Kompetenzen und betriebsinternen Ressourcen zu besinnen, z.B. die im Team vorhandenen. Das muß nicht bedeuten, daß Kollegiales Coaching immer nur die „zweitbeste Lösung" ist. Insbesondere bei gut funktionierenden Teams kann es dazu beitragen, die Qualität der laufenden Arbeit zu sichern und zu verbessern.

Kollegiales Coaching als fachbezogene systematisierte Kommunikation kann eine weitgehend kostenneutrale und effiziente Maßnahme sein. Kostenneutral, da nur die aufgewendete Arbeitszeit als Kostenfaktor anfällt. Allerdings empfiehlt es sich auch hier, ein begrenztes externes Training in Anspruch zu nehmen, um sich die Methode anzueignen. Es ist jedoch davon auszugehen, daß der Effizienzgewinn dazu führt, daß sich so eine Maßnahme letzten Endes auszahlt.

Funktionen:

1. Qualitätssicherung der Arbeit, bezogen sowohl auf Ergebnisqualität wie auf Prozeßqualität (Kommunikation und Kooperation)
2. fundierte Reflexion der eigenen Praxis
3. betriebs- /organisationsinterne Fortbildung
4. Erhöhung der Arbeitszufriedenheit

Zu beachtende Regularien/Kriterien:

- konsequente Einhaltung der Struktur (Regeln, Zeiten)
- strukturadäquate Moderation/Leitung
- „Beratung ohne Gefälle" – Abwesenheit formaler Hierarchie
- Aufzeichnungen schriftlich und möglichst auch mit Bildern und Symbolen

Der Sinn der Systematik

1. Verhinderung vorschneller Scheinlösungen
2. Gewährleistung effizienter Problembehandlung
3. Differenzierung der verschiedenen Problemebenen
4. Nutzung subjektiv unterschiedlicher Sichtweisen

Wichtige Grundsätze

- Strikte Trennung in zuhörende und informationsgebende Rollen zur Optimierung der Informationsübermittlung.
- Es wird nicht in jedem Fall sofort eine konkrete Lösung geben. Oft liegt der Gewinn auch schon in einer erweiterten Problemsicht. Manchmal kann es auch sinnvoller sein sich „vom Problem zu lösen".

Anwendungsvarianten

1. Innerhalb eines Teams (entweder multiprofessionell oder z.B. eines Beratungs- oder Verkaufsteams)
2. für Funktionsträger oder Führungskräfte gleicher Ebene aus verschiedenen Subsystemen (z.B.Abteilungsleiter, Anlageberater)
3. Organisationsübergreifend für Funktionsträger oder Führungskräfte aus verschiedenen Firmen der gleichen Branche (Vorteil „Über den eigenen Tellerrand gucken" – Nachteil: mögliche Behinderung durch Konkurrenz(-Denken)

Beweg-Gründe und Hemmschuhe

(Arbeitspapier zur Motivation)

Ich arbeite in der Organisation, Firma ....

I. Beweg-Gründe

1. Was bewegt mich dazu, meine tägliche Arbeit zu tun?

2. Was bewegt meine KollegInnen dazu (Hypothesen)?

3. Welche Motive kenne/vermute ich, die jemanden bewegen, bei uns Kunden zu sein?

II. Hemmschuhe

Was wirkt (sicher, wahrscheinlich oder vermutlich) de-motivierend

1. auf mich?

2. auf meine KollegInnen?

3. auf die Kunden und Kundinnen?

Evaluations-Bogen

für Coaching-Prozesse (besonders für Coach-The-Coach)

Wie war für mich die aktuelle Sitzung?
Welche Themen kamen vor? Welche Unterthemen?

Was habe ich gelernt hinsichtlich

1. meiner Person?

2. meiner Arbeitsbeziehungen?

3. meiner professionellen Rolle?

4. meines Methodenkoffers (Anwendungsbezug)?

5. meiner Arbeitshaltung?

Bitte für jede Kategorie einen Konzeptsatz formulieren und eintragen.

Feedback an den Coach/Coaching-Trainer:

Coaching mit System

ist systematisiertes, umfassendes und tiefendes

- Erfassen
- Betrachten
- Reflektieren
- Bearbeiten
- Integrieren

im beruflichen Erleben und Handeln.

Es betrachtet und behandelt Arbeitsbeziehungen, Arbeitsbeziehungs-Systeme und berufliche Interaktion im Arbeitsfeld unter Bezugnahme auf die Wirkungen beinflussender Systeme und Kontexte

- Persönliche Systeme/biografische Perspektive
- Professionelle Systeme/Berufsgruppen-Interaktion/Institutions- bzw. Organisations-Systeme
- Arbeitsfeld-Vernetzungen/Not- und Krisen-Systeme/MitarbeiterInnen in Not/„Klienten"
- Gesellschafts-Systeme/Politische Dimension
- Leitbilder/Glaubensfragen/Religiöse Ansätze/Menschenbild/Gottesbild

unter Beachtung der Menschlichkeit, aktueller Herausforderungen und Not-wendigkeiten, Richtungsveränderungen in Systemen und im persönlichen Werdegang in Ankoppelung an das persönliche (Familien-) System, Richtungen, Ziele und Veränderungen, Standort-Diagnose und Standpunktbildung im und in System(en).

Drei Zeitperspektiven sind dabei zu beachten

- regressive Notwendigkeiten (Rückblick)
- aktuelle Gegebenheiten (Gegenwart)
- und progressive Erfordernisse (Zukunfts-Schritte)

Teil IV – Lesebuch „Coaching-Kontexte"

Michael Pohl/Heinrich Fallner

Analoge und digitale Kommunikation

Menschliche Kommunikation läßt sich nach *Paul Watzlawick* auf zwei Grundebenen begreifen, auf der analogen, bildlichen und der digitalen, sprachlichen Ebene. Digitale Kommunikation folgt bestimmten Interpunktionen, ist sehr differenziert und logisch, oft aber wenig konkret. Analoge Kommunikation ist sinnfällig und intuitiv begreifbar, dafür oft weniger eindeutig. Wenn ich fünf Finger zeige, werde ich überall auf der Welt verstanden. Wenn ich das deutsche Wort „fünf" in Japan benutze, ist das schon ganz anders. Wenn ich dagegen im Gespräch auf die Uhr schaue, weiß mein Gegenüber erst durch digitale Erklärung, ob ich ungeduldig bin, oder ob ich mich vergewissere, noch genug Zeit zu haben.

Analoge Kommunikation erfordert (→) Szenisches Verstehen, digitale Kommunikation geschieht in (→) Dialog und (→) Diskussion. Weder die analoge, noch die digitale Ebene ist der anderen übergeordnet. Sie stehen, je nach situativer Fokussierung in einem zirkulären Hierarchieverhältnis zueinander. Günstig für den Coach ist es, sich auf beiden Ebenen sicher bewegen zu können. Ein bewährtes Arbeitsprinzip lautet: *die Szene analog verstehen und digital reflektieren.*

Der analoge Raum als „wissendes Feld"

Ein Coach ist kein Guru. Wenn er mit Systemen arbeitet, kann er weder alles wissen, noch alles mitbekommen. Selbst mit guter Ausbildung, viel Erfahrung und gutem Gespür kann er niemals mehr als nur

Ausschnitte der vorhandenen Komplexität wahrnehmen. Um dennoch sinnvoll und wirksam zu intervenieren, nutzt er die Weisheit des Systems.

Die Arbeit im (→) analogen Raum bietet dabei eine zusätzliche Qualität, die über die rein sprachliche (digitale) Weisheit hinausgeht. Situationen werden unmittelbar erfaßt und das räumliche, „inszenierte“ Setting gibt wesentliche Informationen zur Bewältigung von Problemen und Herausforderungen.

Das Phänomen des „wissenden Feldes“ wird in manchen Formen der Theaterarbeit (z.B. bei *Boal*, im *method acting*) und der kreativen Psychotherapie (Psychodrama, Gestaltinszenierungen) genutzt, manchmal ohne es so zu benennen. Auch die in den letzten Jahren zunehmend populär gewordenen Familienaufstellungen nach Bert Hellinger beziehen einen Großteil ihrer Wirksamkeit daraus, „daß Stellvertreter Zugang zu einem Wissen gewinnen, das die Personen haben, deren Plätze sie einnehmen.“[78]

Analoge Übungen

Wenn wir im Coaching mit System professionelle Praxissituationen in analogen Übungen reinszenieren, (z.B. „Organisation ohne Worte“, „Team ohne Worte“, „Wir haben keine Ahnung“), wird das Prinzip des „wissenden Feldes“ bewußt genutzt. Bei achtsamer Anwendung ist es fast jederzeit und überall möglich, die Alltagspraxis so „nachzuspielen“, daß reale und anwendbare Ergebnisse erzeugt werden.

Im passenden Setting werden „wildfremde Menschen, zu einem Kanal für die Wahrheit des betreffende Systems.“[79]

Im Coaching mit System werden beispielsweise Teamkonstellation rollenspielartig reinszeniert (→ Live-Berichte „Coaching und Banking“ oder „Outplacement I“) bzw. die zukünftige Entwicklungsperspektive einer Zusammenarbeit inszeniert (→ Live-Bericht „Alte Wege, neue Wege“) und es kommt zu aussagefähigen Ergebnissen.

Ästhetik

„Schönheit ist eine zentrale Dimension von (→) Nachhaltigkeit, ein unverzichtbarer und viel zu wenig beachteter Aspekt von Zukunftsfähigkeit.“[80] Das meint nicht Perfektion im Sinne von Unduldsamkeit gegenüber dem Unvollkommenen. Schönheit kann viele Gesichter haben, z.B. auch das des „rechten Maßes des Unterlassens, des Weniger oder des Fremden“.

Wir leben nicht vom Brot, nicht vom Geld und auch nicht von der Bestätigung allein. „Auch Schönheit ist ein Lebens-Mittel, ohne das wir sinnlich-emotional unterernährt bleiben. Deshalb muß das Schöne Eingang in den Alltag finden, indem es sich mit dem Nützlichen verbindet.“ Auch der Coaching-Prozeß benötigt Ästhetik. Die Beteiligten können in Veränderungsprozessen, im Erkennen der eigenen Kraft und im Entdecken von Selbstorganisationsfähigkeit Schönheit erleben.

Arbeitssysteme, ungünstige

Drei Leitungs- und Organisationsmodelle mit begrenzten Erfolgsaussichten:

1. Das Modell „Sklavengaleere“ – heutzutage in manchen Sportarten noch erfolgreich

2. Das Modell „So viele Leitungsposten wie möglich" – Erfolgsfaktor eher begrenzt

3. Das Modell „Leitung ist überflüsig" – alle geben das Ruder aus der Hand

Beratungs-Architektur

„Architekt" bezeichnet im Griechischen den Baumeister, der Räume aller Art gestaltet und plant. In den analogen Coaching-Übungen und Settings werden soziale Räume (Beziehungsräume) und Strukturen für Prozesse geschaffen. Die Gestaltung fester Rahmenbedingungen – z.B. die Trennung sprachlicher und nichtsprachlicher Phasen oder die Triadenstruktur – schafft Freiräume. Insofern entstehen im Coaching mit System Architekturen und der Coach kann als Architekt im (→) Systemhaus verstanden werden.

„So, wie Architekten Räume planen und dadurch Rahmen schaffen, in denen sich Unterschiedliches ereignen kann, so entwerfen wir als

Berater soziale, zeitliche, räumliche und inhaltliche Gestaltungselemente und Fixpunkte, die Prozesse vorstrukturieren. In diesem Sinne sind Architekturen Interventionen. Aber wie alle Interventionen können sie auch völlig Unvorhergesehenes bewirken.“[81]

Bewältigung von Komplexität

Komplexität kann mit drei Grundstrategien „bewältigt“ werden (→ Systemhaus):

- wir können sie abspalten oder zerspalten („das ist doch gar nicht so“)
- wir können in ihr versinken („bei uns war das schon immer so, aber wir kommen damit zurecht“)
- wir können sie auch differenzieren und portionieren. Dann kann Standpunktklarheit über die Realisierungsmöglichkeiten und -grenzen der eigenen Rollenentwicklung in Systemen entstehen.

Chaos, kreatives

Auch wenn die Vorteile von Systemveränderungen, z.B. der Implementation von Teamarbeit groß sind, weisen erfahrene Organisationsberater auf eine realistische Einschätzung der Nebenwirkungen hin, zu der auch Chaostoleranz gehört. „Menschen mit kreativen Berufen wie Schriftsteller, Maler oder Wissenschaftler wissen, daß der Übergang von einem Paradigma in ein anderes immer eine Zeitlang ein gewisses Chaos beinhaltet. Den alten Weg zu verlassen, egal, ob dieser alte Weg eine Organisationsstruktur oder einen künstlerischen Stil darstellt, erfordert zunächst die Beseitigung des gegenwärtigen Systems. Der kreative Mensch weiß, daß nur aus dem Chaos etwas Neues entstehen kann.“ Er hat die Fähigkeit, „eine Periode des Chaos zu tolerieren, während eine neue ‚Gestalt‘ wächst“.[82]

City

Wohl kaum eine andere deutsche Rockgruppe hat sich so an (→) Grenzen bewegt wie City. In der ehemaligen DDR zwischen den extremen (→) Polaritäten von Illegalität und Ruhm, im jetzigen Deutschland innerhalb der Ost-West-Polarität. Wahrscheinlich beziehen ihre Songs daraus die Poesie, Prägnanz und Energie, die uns dazu veranlaßt, insbesondere die CD „Rauchzeichen“ (1997) immer wieder in unseren Coaching-Seminaren zu verwenden.

Coaching-Ausbildung

Die Fähigkeit qualifiziert und verantwortlich coachen zu können (> Coaching-Kompetenz) muß unter fachlicher Begleitung und Spiegelung erworben und gepflegt werden. Sich selbst zum Coach zu ernennen, reicht nicht aus. Wir betonen ausdrücklich, daß es sicherlich mehrere gute Qualifizierungsmöglichkeiten gibt.

Die Autoren haben eine 30-tägige Coaching-Ausbildung (inklusive 8 Trainingstage) konzipiert, die ständig weiterentwickelt wird. Sie dient dem Erwerb der wesentlichen Elemente von Coaching-Kompetenz. Unter Bezug auf Team- und Organisationsentwicklung beinhaltet die (→) Qualifizierung zum Coach ein humanwissenschaftlich begründetes Training für Interventionen in Beratungs- und Unterstützungsprozessen, das Selbsterfahrung im Sinne einer grundlegenden Auseinandersetzung mit der eigenen Person einschließt.

Wer diese Möglichkeit Nutzen möchte, kann uns wie folgt erreichen:

Heinrich Fallner
Hochstrasse 15
33615 Bielefeld
Tel: 0521/122830
Fax 0521/122818

Michael Pohl
Melanchthonstr.60,
33615 Bielefeld
Tel: 0521/176890
Fax: 0521/5214645
e-mail:
m.pohl.supervision@t-online.de.

Coaching als Systemreparatur

Es gibt Auffassungen, die Coaching quasi als Reparaturinstanz zur Beseitigung dysfunktionaler Zustände ansehen. Es gerät dann schnell zur Korrekturmaßnahme für problematische Verhaltensweisen von Führungskräften, aus denen Sachprobleme entstehen. Wenn dabei das Schwergewicht auf Methoden und Techniken gelegt wird und Coaching möglichst rational und beziehungsgereinigt auf der Basis von „Persönlichkeitsanalyse" mittels ausgeklügelter Tests und detaillierter Fragebögen durchgeführt werden soll[83], besteht die Gefahr des „Maschinendenkens" *(Senge, de Geus).*

Coaching-Erweiterungen

Coaching wird oft auf eine Veranstaltung für Einzelpersonen, traditionellerweise Leitungskräfte, reduziert. Zwar beziehen sich einige Autoren auch auf Team- oder Systemcoaching, doch fallen die entsprechenden Ausführungen in der Regel knapp und eher vage aus[84]. Ausformulierte und explizierte Konzeptionen sind bis auf wenige Ausnahmen nach wie vor im wesentlichen auf die Beratung von Einzelpersonen orientiert. Manche AutorInnen beziehen sich, teils am Rande, teils ausführlich auf die Variante des Team-Coaching, andere etablieren es als eigenständige Beratungsmethode[85] oder beziehen eine systemische Sichtweise konsequent ein.

Ein kreativ-analog erweitertes Coaching-Verständnis ist gleichfalls selten. *Schmidt-Tanger* integriert analoge Elemente wie Teamlandkarte, Spiegel und Betriebstemperaturen in ihren Ansatz des Veränderungs-Coaching. *Schreyögg* widmet einerseits der „Arbeit mit Materialien im Coaching" ein eigenes Kapitel[86] und spiegelt in ihrer Behandlung des Themas (Methodische Anleihen im ‚Kinderzimmer') ein gewisses Mißtrauen gegenüber dem Einsatz kreativer Medien wider.

Coaching-Kontexte

Coaching mit Sytem ist integrativ und behandelt Arbeitsbeziehungen und Arbeitsbeziehungs-Systeme im Wirkungsfeld beinflussender Kontexte.

- Organisation – Aufmerksamkeit für Struktur, Hierarchie, Betriebsklima
- Biographie – Berücksichtigung persönlicher Eigenarten und Geschichten
- Ideologie – Auseinandersetzung mit Leitbildern, Sinn- und Glaubensfragen
- Gesellschaft – Blick auf den größeren sozialen Zusammenhang, Verantwortung für das Ganze

Commitment

Commitment bedeutet – kurz gesagt – die Bereitschaft, all die vielen kleinen und großen Schritte zu tun, die zur Erreichung eines Ziels erforderlich sind. Ein anschauliches Beispiel findet sich bei *Pohl/Witt 2000*. Dort wird anhand der Zubereitung einer Minestrone, zu der gute Freunde eingeladen sind, geschildert, was echtes Commitment ausmacht.

Design

Auch das Wort Design zählt gegenwärtig zu den besonders verbrauchten Begriffen. Der Fachbereich Design der Bielefelder FH hat sich wegen der völligen Banalisierung des Begriffs gerade in „Fachbereich Gestaltung“ umbenannt und versteht dies als Rückbesinnung. Das Wort Disegno bezeichnet im Italienischen ursprünglich den Entwurf und die einer Arbeit zugrunde liegende Idee, im Englischen dann den Plan von etwas, das realisiert werden soll. Nachdem der Design-Begriff im Industriezeitalter auf die serienmäßige Formgebung von Gebrauchsgegenständen reduziert wurde, hat er in den letzten Jahrzehnten eine zunehmend *interaktive Komponente* gewonnen.

Mit der Erkenntnis, daß Design nicht nur technische und materielle Funktionen erfüllt, sondern auch Mittel zur Kommunikation ist, wurden Methoden aus Psychologie und Kommunikationswissenschaften eingesetzt. „Waren es früher nur die Formen greifbarer Dinge, so sind es heute Computerprogramme, Abläufe, Organisationsformen und Dienstleistungen, Erscheinungsformen von Firmen (Corporate Design) oder Personen, die es zu gestalten gilt“[87]. Man spricht inzwischen von Servicedesign und Designmanagement.

Peter Zec verweist darauf, daß die „gute Form“ neben der Funktionalität auch Verbesserung der Lebensbedingungen und emotionale Qualität umfaßt. „Design erzeugt Höherwertigkeit dadurch, daß Produkte über ihre funktionalen Qualitäten hinaus mit spielerischen und emotionalen Eigenschaften ausgestattet sind.“[88]

Dialog

Der Dialog (griechisch *dia* „durch“ und *logos* „Wort“ bzw. „Sinn“) ist eine hochentwickelte Formen digitaler Kommunikation und dient dem kollektiven Lernen. Im partizipativen Austausch kommen wir zu höheren und klügeren Einsichten, als allein. Das Konzept des Dialogs zielt darauf ab, daß eine Gruppe sich „für den Fluß einer höheren Intelligenz öffnen kann“, um über die Grenzen individuellen Verstehens hinauszukommen. „Beim Dialog erforscht eine Gruppe schwierige, komplexe Fragen unter vielen verschiedenen Blickwinkeln. Der einzelne legt sich nicht auf seine Meinung fest, aber er teilt seine Annahmen offen mit.“[89] Es geht – im Unterschied zur (→) Diskussion – nicht darum, zu gewinnen, sondern sich durch das Erkennen der Relativität des eigenen Standpunkts zu bereichern..

Diskurs

In einer demokratisch-pluralistischen Kultur ist der angemessene Austausch von Ansichten, Gedanken und Standpunkten der Diskurs (discorso) als offenes Gespräch. „Es gibt zwei Hauptdiskursformen – Dialog und Diskussion. Beide sind wichtig, damit ein Team zu einem kontinuierlichen generativen Lernen fähig ist, aber ihre Macht liegt in ihrer Synergie. Aber um diese Synergie zu erzeugen, muß man die Unterschiede zwischen den Formen kennen."[90] Diskursfähigkeit bringt (→) Dialog und (→) Diskussion in ein ausgewogenes Verhältnis. Ein Kriterium für die Qualität von Arbeitsbeziehungen und -systemen ist das Vermögen, situativ angemessen zwischen Dialog und Diskussion zu wechseln.

Diskussion

In der Diskussion werden Argumente vorgetragen, mit der Absicht, die eigene Sicht der Dinge durchzusetzen. Argumente anderer werden aufgegriffen, um sie zu wiederlegen oder um die eigene Meinung zu stärken. Es geht letzten Endes darum, die eigene Ansicht durchzusetzen. Die Kommunikationsform der Diskussion ist oft wichtig und nützlich, um das Für und Wider von Entscheidungen abzuwägen. Die Problemtendenz der Diskussion besteht darin, daß die TeilnehmerInnen oft dazu neigen, bis zum siegreichen Ausgang entweder immer wieder neue Begründungen für die Richtigkeit des eigenen Standpunkts zu liefern oder gar die eigenen Argumente ständig zu wiederholen. Wegen dieser Priorität von Gewinnen und Rechthaben ist sie kein Bestandteil von Coaching-Settings.

Einfrieren

Ein wesentlicher Methodenschritt in analogen Übungen ist das Innehalten. Die Bewegung anzuhalten, bedeutet, die Szene bewußter zu machen. Einfrieren ist eine „Temperatursenkung" im übertragenen Sinne. Als Prozeßelemente findet es sich sowohl in der Theatermethodik *Augusto Boals* als auch in den meisten Organisationsentwicklungsmodellen. In OE und Change-Management wird der Veränderungsprozeß klassischerweise in drei Phasen – auftauen *(unfreeze)*, verändern *(change)* und neu stabilisieren *(refreeze)* – konzipiert.

Energie und Information

„Energie ist Information und Information ist Energie". Dieser Satz von Gregory Bateson wird oft zitiert und nicht immer verstanden. Was damit gemeint ist, läßt sich plastisch an der Arbeit im (→) analogen Raum als „wissendes Feld" erläutern.

Die Wirksamkeit der Arbeit mit Inszenierungen, Aufstellungen, Rollenspielen und szenischen Rekonstruktionen beruht auf der Identität von Information und Energie:

- Die Personen, die den Praxisfall einbringen, transportieren in ihrer Schilderung und Darstellung unterschwellig immer die realen Energien des Systems
- Die Stellvertreter bzw. Rollenspieler machen sich bei der Informationsaufnahme diese Energien zu eigen – auch wenn sie sie zunächst nicht bewußt wahrnehmen – und erzeugen daraus eine Spiegelung der Realität, die Wesentliches erkennen läßt.

Grenzen

Grenzen wahrzunehmen, bedeutet „die Anerkennung dessen womit wir in Kontakt kommen können und dessen, womit wir nicht in Berührung kommen können."[91]

Auch größere soziale Systeme werden im Coaching mit System auf Grenzphänomene hin betrachtet. Dies geschieht nicht wertend, sondern immer lediglich als Aussage über die gegenwärtige Beschaffenheit der vom System zugelassenen Kontakte. Diese Relationen werden nicht als festgelegte Strukturen sondern als vorübergehende Stadien in einem dynamischen Prozeß aufgefaßt. Veränderung – jetzt definiert als *Veränderung von Grenzen* – wird erst möglich, wenn hohe *Bewußtheit* über die zunächst gegebenen Grenzen erreicht wird.

„Wenn wir sagen, daß Lernen oder Veränderung an der Grenze stattfindet, so meinen wir damit, daß dies durch das Untersuchen solcher Dinge wie Gefühle, Annahmen und Phantasien geschieht, die die Existenz der Grenze unterstützen. Nur dadurch, daß man mit dieser Linie – die eine Linie der Abwehr oder der Unterstützung sein kann –

konfrontiert wird und sie untersucht, um festzustellen, ob sie irgendwo durchlässig ist oder erweitert werden kann, kann eine neue Erfahrung des Vermiedenen oder Unbekannten stattfinden."[92]

Interventionen

Intervention ist die methodisch geleitete professionelle Einflussnahme durch den Coach. Einflüsse des Systems fördern oder behindern die Wirksamkeit von Coaching-Interventionen.

Körper-Bilder

Vielleicht folgen Organisationen dem Muster des menschlichen Organismus: Geburt, Heranwachsen, Reife, Verfall und Sterben. Vielleicht sterben sie oft zu früh, weil sie nicht gepflegt werden (→ Coaching-Funktion Systempflege). Zu den Faktoren, die den Organisationskörper – der seinen Ausdruck auch in der bekannten *corporate identity* findet – pflegen, fördern und lebendig halten, gehört mit Sicherheit (→) Kreativität.

Das Herz ist eine zentrale körperliche Metapher. Als Integrationsorgan ist es die Grundlage für alle Funktionen des Systems „Körper". Bilder wie „etwas mit Herz, oder Herzblut tun", „es zur Herzenssache zu machen" oder „Herzrhythmusstörungen" lassen sich auf Arbeitssysteme übertragen. Hat die Organisation (ein) Herz? Wo schlägt das Herz der Organisation? In welchem Zustand ist es? Werden wichtige Entscheidungen mit Herz getroffen? „Alle Wege sind gleich, sie führen nirgendwo hin. Die einzig wichtige Frage lautet: ‚Ist dieser Weg ein Weg mit Herz?' Wenn er Herz hat für dich, dann wage es, ihm zu folgen."[93]

Der kreative Mensch – ökonomisch betrachtet

Aus ökonomischer Sicht wird Kreativität eher unter dem Aspekt der Zweckgerichtetheit betrachtet. Eigenschaften des kreativen Menschen sind hier *visuelles Denken* (um Muster, Figuren, Gestalten zu erkennen), *Sprachfertigkeit* (um sich differenziert und schöpferisch ausdrücken zu können) und *Flexibilität* (um steten Wandel zu bewältigen). Kreativität bedeutet auch, die Dinge nicht zu komplizieren, wenn eine einfache Lösung besser wäre. Sie zeigt sich oft darin, das Augenfällige, das übersehen wird, wahrzunehmen.

„Der kreative Mensch ist fähig, zu wählen und eine größere Vielzahl von Möglichkeiten zu prüfen, um seine Probleme anzugehen und zu lösen. Er ist findig in der Fähigkeit, umzuschalten, ein Bezugssystem gegen ein anderes auszutauschen, sein Vorgehen zu ändern und sich schnell an neue Entwicklungen anzupassen."[94] *Michael Knieß* definiert Kreativität „im engeren Sinne", also betriebswirtschaftlich orientiert als „die Fähigkeit, Konstellationsprobleme zu lösen". Charakteristisch für diese Lösung ist, „daß eine Systemstruktur mit Eigenschaften gebildet wird, die der Problemlösende als Sollzustand anstrebt oder die ihn diesem Zustand näher bringt." Kreativität ist demnach nicht identisch mit Intuition. Vielmehr sind Intuition und Rationalität die beiden Hauptquellen, aus denen Kreativität sich speist. Für den kreativen Menschen definiert er drei wesentliche Merkmale: *Tätigkeitsdrang/Motivation, Kognition und Informationsverarbeitung* sowie *Persönlichkeit.*

Coaching mit System greift diese drei Merkmale auf: Motivation wird vorausgesetzt und immer wieder gefordert, Kognition und Informationsverarbeitung werden durch ständige Übung geschult, die Bildung von Persönlichkeit wird gefördert und unterstützt. Coaching mit System (→) als Erweiterung hält darüber hinaus die Nutzung des analogen Raums und die interaktionelle, soziale Dimension von Kreativität für unerläßlich.

Kreativität und Gestalt

Kreativität ist kein statisches Potential. Sie muß in einem nie endenden Prozeß erhalten bzw. wiederbelebt werden. Nach *Zinker* ist Kreativität vor allem die Fähigkeit „zwei Arten von Bewußtsein, zwei Arten in der Welt zu sein, zu integrieren" (z.B. aktiv-passiv, kontrolliert-spielerisch, intellektuell-intuitiv, sequentiell-simultan, analytisch-synthetisch). Wesentliches Merkmal von Kreativität ist hier immer Akzeptanz und Integration von Polaritäten.

Kreativität, fehlende

Möglicherweise hat Vieles, das in Organisationen mehr schlecht als recht funktioniert, eine Hauptursache in fehlender Kreativität. „Ich behaupte, daß eine geradezu verzweifelte soziale Not an kreativem Verhalten kreativer Menschen besteht ...Viele der ernstzunehmenden Kritiken unserer Kultur und ihrer Entwicklung können am besten als Mangel an Kreativität beschrieben werden.“ *(Carl Rogers)*

Kundenorientierung

Der Begriff „Kunde“ wird hier als Synonym verwendet. In betriebswirtschaftlich-produktorientierten Systeme sind die Produktnehmer gemeint. In sozialen Leistungssystemen sind es Menschen, die über helfenden Kontakt in einer empfangenden Beziehung zu den MitarbeiterInnen der Einrichtung stehen. Der „Kunde“ ist ein Mensch, der kundig ist. Er weiß in irgendeiner Form, was er braucht, er kennt seinen Bedarf. Dieses Kundigsein kann sprachlich formuliert als Beratungsbedarf definiert sein oder auch rein körperlich oder sozial im Lebens- und Alltagszusammenhang sichtbar sein. Diese Sichtweise grenzt sich ab von einem Kundenverständnis, welches darauf bedacht ist, dem Kunden zu verdeutlichen, was er eigentlich braucht, um dieses oder jenes zu sein oder erreichen zu können.

Künstlerisches Lernen

Manfred Schnell und *Yael Niemeyer* skizzierenen für künstlerisches Lernen einige Essentials, die auch das Coaching-Lernen inspirieren können:

1. Sensibilisierung im Umgang mit Kunst in Galerien, Museen im öffentlichen Raum (Sensibilisierung im Umgang mit sozialen Systemen um uns herum, mit Arbeitsplatz, Firma, Stadt und Gesellschaft)
2. Fachliche und praktische Ausbildung unter Anwendung heutiger Kunstrichtung und Kunststile in Malerei, Zeichnung, Graphik, Film, Video, Skulptur, Multimedia etc. unter theoretischer Einbe-

ziehung vorangegangener Stilepochen (die Analogie zu kreativem Coaching ist u.E. offensichtlich)

3. Vermittlung von formaler Ästhetik und inhaltlichen Positionen von Kunst (Methodentraining und Vermittlung theoretischer Grundlagen von professioneller Beratung)
4. Die eigene künstlerische Auseinandersetzung als Voraussetzung für guten reichhaltigen Unterricht (die Auseinandersetzung mit den eigenen Handlungs- und Bewältigungsmustern als Voraussetzung für konstruktives Agieren im sozialen System)

Lernen und Lehren

„Veränderung bedeutet lernen. Wir alle lernen durch uns selbst, durch die natürlichste Art uns selbst zu steuern. ... Wenn wir verstehen, wie wir selbst lernen, verstehen wir, wie andere lernen und sich entwickeln können.“[95]

Belehrt werden erzeugt Widerstand

Lernen geschieht immer im Kraftfeld von (→) Polaritäten. Weil immer noch Unterrichtungsformen vorherrschen, die auf das Ansammeln von Informationen, statt auf den Erwerb von Einsichten ausgerichtet sind, sind wir für manche Lebensbereiche „ungebildet". Wirkliches Lernen geschieht nicht durch reine Informationsübermittlung, es hängt mehr vom Lernenden ab, als vom Lehrer. Soziales Lernen kann auch eine Alternative zu therapeutischer und psychiatrischer Lösung von Lebensfragen sein, den es bedeutet, mit den gegebenen Realitäten so umzugehen, daß sie *für* uns sind statt *gegen* uns.

Lernen heißt auch nicht vorrangig, sich etwas an- oder abzugewöhnen. „Lernen bedeutet immer: unterwegs selbst entdeckt."[96]

Nachhaltigkeit

Auf der UNO-Umweltkonferenz in Rio de Janeiro wurde die Förderung nachhaltiger Entwicklung *(Sustainable Development)* zum Ziel städteplanerischen Handelns deklariert. Die Lokale Agenda 21 zielt auf eine „Entwicklung, die die Bedürfnisse der Gegenwart befriedigt, ohne zu riskieren, daß künftige Generationen ihre eigenen Bedürfnisse nicht befriedigen können".

Nachhaltigkeit meint seither eine verantwortliche, umfassende menschen- und naturverträgliche Zukunftsgestaltung, die ökonomische, ökologische und soziale Erfordernisse gleichrangig betrachtet und sie miteinander vereinbart. Die A21-Prozesse beruhen auf Konsultation und Beteiligung aller Interessengruppen. Der Schlüssel für die Umsetzung nachhaltiger Stadtentwicklung liegt im „vertrauensvollen und berechenbaren Zusammenwirken aller Akteure in der Stadt – Politiker, Verwaltung, Investoren, Bewohner".

Auch der Begriff „Nachhaltigkeit" unterliegt zur Zeit massiver Inflation durch unreflektierten und manchmal sinnentleerten Gebrauch. *Jürgen Juchtmann* karikiert das treffend in einer Glosse[97]. Der Ausweg liegt u.E. allerdings nicht darin, den Begriff zum „Unwort" zu erklären, sondern im (→ kreativen Begriffsrecycling).

Wenn wir den Begriff verwenden, meinen wir damit auf obigem Hintergrund die konstruktive und möglichst dauerhafte Beeinflussung sozialer Systeme – z.B. durch Coaching – unter Berücksichtigung von Verträglichkeiten aller Beteiligten. Was verträgt das System? Was verträgt die System-Umwelt? Was vertragen die Kunden? Was vertragen die MitarbeiterInnen?

Neues Denken – Metanoia

„Wenn ich recht habe, muß unser ganzes Denken über das, was wir sind, umstrukturiert werden. Das ist nicht lustig, und ich weiß nicht, wieviel Zeit wir haben, es zu erledigen." *Bateson* plädiert für ökosystemisches Denken nach der Metapher des „Musters, das verbindet" als eine Art Metastruktur (Struktur der Strukturen), die öfter verkannt als erkannt werde. Wichtig ist dabei eine innere Haltung, die Konsequenz und Verbindlichkeit mit Gelassenheit und Vertrauen verbindet – nicht eine des Drucks, der Panik, der operativen Hektik.

Offenheit, partizipative und reflektive

Nachhaltigkeit braucht eine offene Haltung. Eine nur partizipative Offenheit, bei der die TeilnehmerInnen von Arbeitssitzungen ihre Ansichten äußern, kann zur „symptomatischen Lösung" bzw. zur Problemverschiebung führen, Auch wenn wir glauben, die erforderliche Transparenz hergestellt zu haben, da ja ständig miteinander gesprochen wird, kann es sein, daß wirkliche Offenheit untergraben wird. „Das Endergebnis ist das merkwürdige Phänomen der ‚offenen Geschlossenheit', wenn jeder das Gefühl hat, seine Meinung zu äußern, aber niemand wirklich zuhört und die Aussage reflektiert. Wir ‚reden aufeinander ein' und verlieren die Fähigkeit zu echter Kommunikation und zum Dialog."[98]

Die reflexive Offenheit, die von der Haltung lebt: „Vielleicht irre ich mich und der andere hat recht", ist eine Fertigkeit, die mit Zeit und Ausdauer entwickelt werden muß. Sie ist Bestandteil von (→) Team-Lernen und zentrales Element von (→) Coaching-Kompetenz.

Polaritäten

Wenn wir nicht in Apathie verweilen wollen, müssen wir ständig zwischen verschieden Möglichkeiten des Handelns wählen. Wir befinden uns dabei in einem Dilemma, da mit jeder Entscheidung eine andere unverwirklicht bleibt. Oft sind diese Entscheidungen mit Bedeutungen und Bewertungen versehen, die wir als Richtig oder Falsch, Gut oder Böse empfinden. Jeder Pol hat seine Existenzberechtigung als Teil der Einheit, sonst wäre das Ganze nicht ganz. Das drückt sich auch darin aus, daß jede Verwirklichung eines Pols den Gegenpol in die Manifestation zwingt[99]. Daraus ergibt sich die Unmöglichkeit, einen Pol zu behalten und den anderen aus der Welt zu schaffen.

Der Schritt aus dem Dilemma besteht im Übergang vom Entweder-Oder zum Sowohl-Als-Auch. Es gibt bei den Polen kein richtig oder falsch, insbesondere kein gut oder böse. Es kommt darauf an, die Zusammengehörigkeit der Pole zu begreifen, ihr gegenseitiges „Einander-Bedingen". Dabei ist es nützlich, polar sehen zu lernen, also zu lernen, bei jeder Betrachtung auch den Gegenpol mitzusehen (ying/yang, Tao-Lernen). Auf der Handlungsebene ist es entscheidend zu beachten, daß die Pole zwar gleichzeitig vorhanden sind, aber nur nacheinander integriert werden können.

Grundpolaritäten im Coaching mit System sind beispielsweise: Kreativität-Systematik, Individuum-System, Theorie-Praxis, Zielstrebigkeit-Absichtslosigkeit, Optimierung-Fehlerfreundlichkeit, Stabilität-Flexibilität, Gleichheit-Ungleichheit, Fremdheit-Zugehörigkeit.

Politik

Es gibt eine „Polarität des Politischen", die sich in zwei entgegengesetzten Politikverständnissen widerspiegelt. Das eine definiert Politik als Vertretung von Eigeninteressen, bei der das „wer" wichtiger ist als das „was"[100]. das andere begreift Politik als Weg vom Beteiligtsein zur Beteiligung, als Einflußnahme auf die eigenen Lebensbedingungen und als Ausbalancierung von Eigeninteresse und Gemeinschaftssinn.

„Wer weiß, vielleicht ereignet sich im Zusammenspiel zwischen den klugen Kindern der Postmoderne und den desillusionierten Vätern der Revolte doch noch jene Wiederentdeckung des Politischen, jenseits von Vulgärliberalismus und autoritärer Staatsgläubigkeit, deren Vision die pragmatische Veränderung der Gegenwart wäre. Politisch im Sinne von: im Dschungel der Einzelinteressen Prinzipien, die den Gemeinsinn stärken, öffentlich verhandeln." *(Reinhard Mohr).* Beispiel: Open-Space-Konferenz.

Praxis

Praxis wird oft verstanden als das Gemachte, das Handfeste, Vorzeigbare, das Technische. Ein Freund, technischer Betriebsleiter einer radiologischen Gemeinschaftspraxis (!) neigt dazu, alles das als „praktisch" oder praxisbezogen anzusehen, was er technisch lösen kann – und auf diesem Gebiet kann er fast alles lösen. Theoretisch und eher abstrakt sind für ihn Emotionen, nicht-technische Kommunikation, Psychologie.

Führungskräfte aus der Wirtschaft nennen sich gerne „die Praktiker", um sich von Wissenschaftlern, Politikern und Normalbürgern – also von fast allen anderen, die nicht betrieblich tätig sind – abzugrenzen.

Wir legen hier einen anderen Praxisbegriff zugrunde. Unter Praxis verstehen wir in erster Linie den Kontakt zur Realität: das real Getane und Wahrgenommene, im Gegensatz zum Gedachten, Gewollten, Erklärten, Gutgemeinten. *Edwin C. Nevis* pointiert diesen Unterschied als „Rechtschaffenheit: der Feind des Bedauerns".[101]

„Wir leben auf zwei Ebenen. Einmal ist da die Realitätsebene, auf der wir Berührung haben mit unseren eigenen Gefühlen, mit unseren Sinnen, mit dem, was in unserem Körper geschieht, mit dem was um uns herum vorgeht. Zum anderen gibt es die Ebene, die wir wohl die Denkebene nennen, auf der wir uns selbst – und damit auch unsere Umwelt – ernsthaft beschummeln. Das ist der Raum, wo wir grübeln. Das ist die Ebene, auf der wir uns selbst krank machen, indem wir das, was wir sind, terrorisieren mit allem, was wir sein möchten und müssen. Elefanten versuchen nicht, Giraffen oder Schwalben zu werden. Radieschen versuchen nicht, Rote Beete zu werden. Aber wir versuchen zu sein, was wir nicht sind."[102]

Prozessuales Arbeiten

Prozess und Konzept sind „Zwillinge" nämlich „gleich" und dennoch nicht dasselbe! Der Prozeß ist meine Partnerin, nicht mein Gegner und nicht mein Spielzeug.

Selbstorganisation

Das Prinzip der Selbstorganisation ist für die belebte wie die unbelebte Natur ebenso elementar – es hat die Aufgabe, komplexe Strukturen zu erhalten und auch weiterzuentwickeln. Soziale Systeme mit ihren hochkomplexen Organisationsstrukturen verhalten sich im Idealfall nach dem Prinzip der Selbstorganisation, um ihre Weiterentwicklung in der Balance zwischen Ordnung und Chaos zu sichern.

Skulpturen als Coaching-Methode

Berufliche Interaktionsprozesse, Ein-Stellungen, Haltungen und Kontakte können im Coaching so verlangsamt werden, daß sie für einen Augen-Blick zu einem Standbild gerinnen. Die sichtbare und einfühlbare Skulptur bildet als Moment-Aufnahme einen herausragenden Bezugspunkt für die diagnostische, auswertende und zielentwickelnde Reflexionsarbeit.

In einem Team hat jeder ein inneres Bild über die Art und Weise der Kommunikation und Zusammenarbeit. Sowohl über die Grundkonstellation als auch über die Interaktionszusammenhänge in konflikthaften Szenen. Skulpturen können phasenweise aufgebaut und weiterentwickelt werden (→ Design-Seminare).

Durch Hinzunahme von verlangsamten und schneller werdenden Bewegungen kann die Dynamik der ‚gestellten' Konstellation deutlich werden. Den Positionsinhabern können auch Aussage, Begriffe und

Sätze in den Mund gelegt werden. Dann wird aus dem Standbild ein Beweguns- bzw. Sprachbild. Ein solcher Aufbau repräsentiert, oft sehr plastisch und anschaulich, die dynamische Komplexität des Teamgeschehens. Inhalts- und Beziehungsebene der Interaktionen werden begreifbarer.

Spiel als System-Lernen

Spielmethoden sind eine Hauptstraße auf dem Weg zur Systemkompetenz. Als Simulation sozialer Realität sind sie Lernraum für Selbsterfahrung und Kompetenzerwerb. „Das Spiel ist eine ernste Sache und folgt seinen eigenen Regeln. Gerade das Rollenspiel ist als Simulation dadurch so realitätsnah, daß es ein eigenens dynamisches System ausbildet, das den Gesetzen realer Systeme folgt. So erscheinen den Spielern Gefühle, Rollenerwartungen oder typische Verhaltensmuster manchmal erschreckend echt. Der Unterschied zu echten Erfahrungen kann in einem intensiven Rollenspiel bis zur Unkenntlichkeit verschwinden." „Beim spielerischen Umgang mit sozialen Rollen lernen Menschen nicht einfach nur soziale Spiel-Regeln kennen. Sie erfahren zugleich, wie sie sich als Person in bestimmten sozialen Situationen verhalten und wie ihr Verhalten auf andere Personen und auf Handlungsabläufe wirkt." Der Spielende befindet sich in einer Doppelfunktion als Teilnehmer, als Mitglied des Systems und Beobachter des Systems. „Er greift in die Spieldynamik ein – und sei es durch Nichtstun – und erfährt die Wirkungen seines Handelns im System darüber, wie andere sich ihm gegenüber verhalten."

Das Spiel als systemische Lernmethode umfaßt eine große Bandbreite zwischen frei improvisiertem Stegreiftheater und hochstrukturierten Rollenspielanleitungen. Klassisches Beispiel ist das epische Theater von Brecht, das die „Behandelbarkeit" der sozialen Welt erfahrbar machen und den Zuschauer zum Begreifen und Eingreifen befähigen soll. Die Teilnehmer erleben eine dialektische Spannung von Eingebundensein und „Täterschaft" (Gestaltungsmöglichkeiten). „Damit ist das Spiel das prädestinierte Lernfeld für die Ausbildung sozialer Kompetenzen im Umgang mit komplexen Systemen (Systemkompetenz)". (Vgl. *Manteufel/Schiepek*)

Szenisches Verstehen

Bei sogenannten Kopfmenschen liegt die bildliche Vorstellungskraft oft brach. Um das Denken und Kommunizieren in Bildern zu fördern, finden wir in Augusto Boals Ansatz des „unsichtbaren Theaters“ wichtige Anregungen (→ Bemerkungen zu den Übungen). Dort wird im Spiel „dialogue of images“ die Nutzung nonverbaler Interaktionsformen trainiert. Aufbauend auf Übungen der Selbstauseinandersetzung *(physical monologue)* entwickelt er das körperliche Zusammenspiel *(physical dialogue)*. „Die Bilder, die wir mit Hilfe unseres Körpers auf der Plattform ‚Theater‘ bauen, unterscheiden sich von den Begriffen, die wir normalerweise zur Verständigung nutzen: Sie sind vielschichtiger, reicher an Konnotationen und so auf vielfältige Deutung angelegt.“[103]

Theorie

Der Begriff wird oft mit Abstraktion verwechselt und dann für überflüssig erklärt – für fundiertes Coaching wäre das tödlich, denn dann gerät es in die „Praxisfalle“. Das Wort theorein bedeutet im Altgriechischen das Durchschauen der Wirklichkeit und des Handelns. „Theorie ist die Kraft, offen, vielschichtig, komplex, historisch und selbstkritisch nachzudenken. Indem wir uns theorie-fähig machen, überwinden wir den Zustand des relativ blinden und dadurch auch begrenzten Handelns. Durchschauen des Alltags. Aus Neugier. Aus einer Haltung der Reflexion.“[104]

Es wäre ein fataler Irrtum für den Coach, anzunehmen, Orientierung auf die Praxis (prattein bedeutet im Altgriechischen Handeln) schließe Theorie aus. Gute Praxis hat Theorie, d.h. sie wird durchschaut. Theorie vertieft die Praxis und macht sie dadurch erweiterungsfähig. Erst dadurch wird im Coaching die Selbst-Begegnung ermöglicht, die Sicherheit und Veränderungsbereitschaft erzeugt. „Das Vermögen unverhüllter Selbstwahrnehmung steigt und fällt mit dem Grad an Sicherheit, den Menschen jeweils erreicht haben.“ *(Norbert Elias)*

Vertrauen

Die Anwendung psychologischer Tricks führ schnell zu der Einstellung „der Zweck heiligt die Mittel“. Der konsequente Verzicht auf manipulative Tricks setzt Vertrauen in das Arbeitsbeziehungs- oder Klientensystem voraus. Auch das Versprechen von Erfolgsgeheimnissen und „golden rules“ ist eine zweifelhafte Sache. Wir halten mehr von Aufrichtigkeit und Verankerung im Existentiellen. Wir vertrauen darauf, daß Wahrhaftigkeit und Authentizität förderlicher für soziale Systeme sind als zwanghafte – und dabei oft hilflose – Steuerungsversuche. Statt mit *Lenin* halten wir es mit *Sprenger –“Kontrolle ist gut, Vertrauen ist besser“*.

Zielorientiertheit

Ziele sind in gewisser Weise die Basis menschlichen Handelns. Als Bedürfnisbefriedigung, als egoistische, als soziale und als ethische Ziele. Ziele sind einerseits von fundamentaler Bedeutung, andererseits müssen sie immer in ihrer Relativität gesehen werden. Auch wenn wir konsequent und vermeintlich „unbeirrbar“ unsere Ziele verfolgen, kann es angebracht sein, sie situativ zu modifizieren. Wenn wir Ziele zu hoch setzen oder sie zu schnell erreichen wollen, bleibt nicht nur der Erfog aus, dann können wir auch abstürzen.

Ein Ziel hat keinen Sinn in sich selbst, sondern wird sinnhaft erlebbar auf dem Weg dorthin, in einem Prozeß. Zieldefinitionen sind abstrakt, Wege zum Ziel sind erfahrbar. Sie sind die wesentliche Qualität für ein Ziel.

Auch hier begegnen wir einer Grundpolarität, die von uns fordert, die Ambivalenz zwischen der Verfolgung von Zielen und einer manchmal auch absichtsfreien Haltung zu ertragen. Es gilt, Zielstrebigkeit mit der Gewährung und Pflege von Entwicklungsräumen zu verbinden, bei denen nicht garantiert ist, „was dabei heraus kommt“.

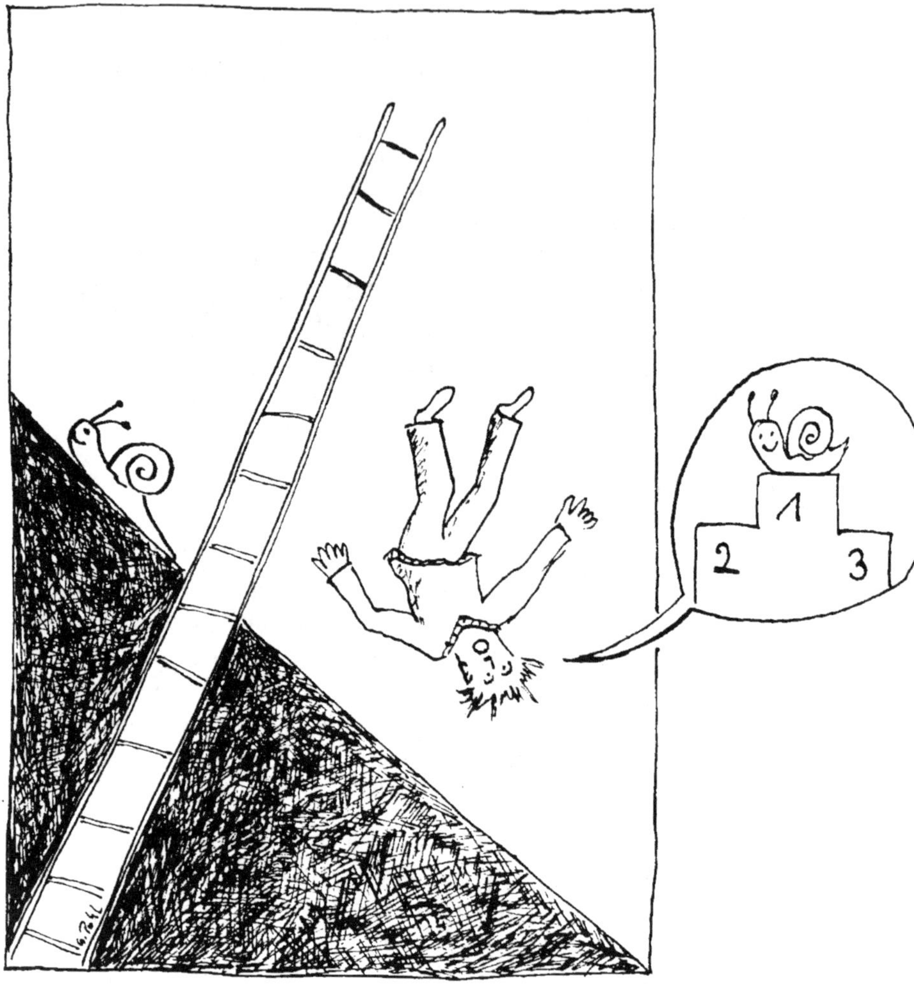

Schneckensieg – oder der schnelle Weg zum Ziel?

Anmerkungen

1 Stein/Stein, S. 13
2 Vgl. u.a. Christa Müller: Der Schlüssel zu dauerhafter Wettbewerbsfähigkeit: Erziehung, Bildung, Qualifikation
3 Arie De Geus, Planungsleiter von Royal Dutch/Shell, zitiert nach Senge, S. 11
4 Schreyögg 1999, S. 5
5 Peter Senge, S. 215
6 Siehe hierzu das Modell der „Sondersitzung" von John MacCarthy bei Senge, S. 317ff
7 Peter Senge, S. 313ff
8 Zur Effektivität spielerischen Systemlernens s.a. Manteufel/Schiepek; Systeme spielen
9 Das sind z.B. John Whitmore, Astrid Schreyögg, sowie Lenz/ Ellebracht/Osterhold
10 Rauen, C. 1999
11 Besser-Siegmund/Siegmund, S. 18
12 ebenda, S. 20
13 Vgl. Whitmore, S. 13f.
14 Siehe Schreyögg, S. 62ff
15 Schreyögg, S. 8 und 9
16 Vogel et al, S. 161
17 Rauen, 296f.
18 Martina Schmidt-Tanger integriert analoge Elemente wie Teamlandkarte, Spiegel und Betriebstemperaturen in ihren Ansatz des Veränderungs-Coaching.
19 So widmet Schreyögg einerseits der „Arbeit mit Materialien im Coaching" ein eigenes Kapitel (S. 276ff) und spiegelt in ihrer Behandlung des Themas (Methodische Anleihen im ‚Kinderzimmer') ein gewisses Mißtrauen gegenüber dem Einsatz kreativer Medien wider.
20 Sonja Sackmann, S. 345
21 Lenz et al, S. 6
22 Whitmore, S. 12
23 Whitmore, S. 4/S. 25
24 Schreyögg, S. 11
25 Franz, S. 17
26 Rauen, S. 65

27 Looss 1991, S. 41
28 Schreyögg 1995, S. 58/59
29 Rauen 1999, S. 24
30 Rauen, S. 41
31 Buer, S. 186
32 Petzold 1998, S. 378
33 Schreyögg 1995, S. 59
34 Vgl. hierzu u.a. De Geus, Guntern, Lenz et al, Senge, Witt
35 Roland Günter 1999, S. 13
36 Roland Günter 1999, S. 5
37 Roland Günter 1999, S. 13
38 Roland Günter: Was ist Gestaltung?
39 Thomas Hauffe, S. 17/18
40 Michael Knieß, S. 6
41 Zitate in diesem Abschnitt nach Mathias R. Schmidt: Bob Dylan und die sechziger Jahre, S. 182, 183 136 und 137.
42 Das gilt von der Folk-Rock-Synthese bis zu seinem vorläufigen Alterswerk „Time Out Of Mind" von 1998.
43 Joseph Zinker, S. 70ff.
44 Leonardo Benevolo, S. 19
45 Benevolo, S. 13
46 Midas Dekkers, S. 123
47 Midas Dekkers, S. 124
48 ebenda
49 Sennett, S. 108
50 Häußermann, S. 13
51 Andreas Huber, S. 88
52 Peter, Senge, S. 174
53 Peter Senge, S. 315
54 Vgl. hierzu Peter Senge, S. 192ff
55 Peter Senge, S. 193
56 Peter Senge, S. 194
57 Zinker, S. 201. Vgl. zum Folgenden seine Ausführungen zu „Polaritäten: Grundlagenarbeit für das Verstehen von Konflikten", S. 192ff
58 Zinker, S. 33.
59 Kurt Richter 1997, S. 16
60 Schmidt-Semisch: Die prekäre Grenze der Legalität
61 Kurt Richter 1997, S. 22/23
62 De Roeck 1986, S. 89
63 De Roeck 1986, S. 107
64 Rauen, S. 147ff.
65 Huck zitiert nach Rauen, S. 26
66 Nevis, S. 65
67 Nevis, S. 66

68 Bernler/Johnsson, S. 101

69 Nevis, S. 67

70 Nevis, S. 136

71 Nevis, S. 89

72 Nevis, S. 108

73 Nevis, S. 109

74 Nevis, S. 77

75 Der Lehr- und Lernprozeß ist ausführlich dargestellt dargestellt bei Günter/Lötscher/Pohl „Alte Wege, neue Wege“, insbesondere in dem Beitrag von Michael Pohl: Kreatives Praxislernen und prozessuale Supervision an der Hochschule.

76 Sonja Sackmann, S. 345

77 Watzlawick 1974, S. 68

78 Ulsamer 1999, S. 98

79 Ulsamer, S. 99

80 Toblacher Thesen: Auch Schönheit ist ein Lebensmittel, FR 28.9.1998, S. 8

81 Königswieser/Exner, S. 47

82 Moran/Musselwhite/Zenger, S. 197

83 Siehe Rauen, S. 297 u. S. 299

84 Vgl. hierzu die Sammelrezension von Rauen

85 Buchner „Team-Coaching“ und Moran et al „Effektives Team-Coaching“ bzw. Lenz et al

86 Schreyögg, S. 276ff.

87 Hauffe, S. 18/19

88 Zec, S. 34

89 Senge, S. 293

90 Senge, S. 292

91 Nevis, S. 212.

92 Nevis, S. 213.

93 Kopp 1978, S. 163/Castaneda, S. 88

94 Raudsepp, S. 24

95 Lenz et al, S. 11

96 De Roeck/van den Abeele, S. 10

97 Jürgen Juchtmann: „Wortspielerei.Nachhaltig“. Neue Westfälische vom 11.4.2000

98 Peter Senge, S. 333

99 „Was du zusammendrücken willst, das mußt du erst richtig sich ausdehnen lassen. Was du schwächen willst, das mußt du erst richtig stark werden lassen.“ Laotse

100 Vgl. hierzu Peter Senge, S. 333ff

101 Nevis, 233ff

102 De Roeck 1992, S. 15

103 B. Ruping 1993, S. 63

104 R. Günter: Wissenschaftliche Grundlagen der Ästhetik, S. 20

Bibliographie

Baecker, D.: Postheroisches Management. Ein Vademecum. Merve Verlag Berlin 1994

Bateson, G.: Ökologie des Geistes. Frankfurt/M. 1983

Bauer, W.: Mut zum Vertrauen. Plädoyer für neue Formen der Zusammenarbeit. Campus 1996

Baumgartner, I./Häfele, W./Schwarz, M.: OE-Prozesse. Bern 1998

Bayer, H.: Coaching-Kompetenz. Persönlichkeit und Führungspsychologie. München/Reinhardt 1995

Benevolo, Leonardo: Die Stadt in der europäischen Geschichte. Frankfurt/Wien 1993

Bennis, W./Biederman, P.: Geniale Teams. Das Geheimnis kreativer Zusammenarbeit. Campus 1997

Besser-Siegmund, C./Siegmund,H.: Coach Yourself. Düsseldorf 1996

Birkenbihl,V.: Stroh im Kopf? Gebrauchsanleitung fürs Gehirn. Landsberg 1998

Brinkmann, R.D.: Mitarbeiter-Coaching. Heidelberg 1994

Buchner, D.: Team-Coaching. Gemeinsam zum Erfolg. Wiesbaden 1994

Buer, F.: Lehrbuch der Supervision. Münster 1999

Canfield, J./Miller, J.: Heart At Work – Geben wir der Arbeit Herz und Seele zurück. Wien 1996

Castaneda, C.: Die Lehren des Don Juan. Ein Yaqui-Weg des Wissens. Reinbek 1980

Comelli, G.: Training als Beitrag zur Organisationsentwicklung. Handbuch der Weiterbildung für die Praxis in Wirtschaft und Verwaltung. München/Wien 1985.

De Roeck, B.P.: Gras unter meinen Füßen. Eine ungewöhnliche Einführung in die Gestalttherapie. Reinbek 1992.

De Roeck, Bruno-Paul: Dein eigener Freund werden („De Loernoot-Therapie en maatschappij"). Reinbek 1986.

De Roeck, B.P./van den Abeele, J.: Leben lernen, statt gelebt zu werden. Offenbach 1988

Dekkers, Midas: An allem nagt der Zahn der Zeit. Vom Reiz der Vergänglichkeit. München 1999

Eck, C.D.: Rollencoaching als Supervision. In: Fatzer, G. Handbuch 1990, S.209-248

Fallner, H./John, R.: Handlungsmodell Supervision. Theoretische Grundlagen und praktische Anwendung. Mayen 1980.
Fallner, H.: Skulpturen in der Supervision. In: „Supervision“ (Sonderheft) 1990, S. 67-70. Münster 1990
Fallner,H./Gräßlin, H.-M.: Kollegiale Beratung. Eine Systematik zur Reflexion des beruflichen Alltags. Hillle 1999
Fatzer, G. (Hrsg.): Supervision und Beratung. – Ein Handbuch – Köln 1990
Franz, Michael.G.: Nachhaltiger Erfolg mit Kopf, Herz und Hand. In: IQ – Magazin zur Weiterbildung von Führungskräften. Themenschwerpunkt Coaching. 1/2000
Fromm, E.: Haben oder Sein. Die seelischen Grundlagen einer neuen Gesellschaft. Stuttgart 1976
Günter, R.. Wissenschaftliche Grundlagen der Ästhetik. Ein Bildungs-Buch einer Hochschule
Günter, R.: Poetische Orte. Essen 1998
Günter, R.: Was ist Gestaltung? FHspecial ’99, Bielefeld 1999.
Guntern, G.: Im Zeichen des Schmetterlings. Argumente für eine neue Führungskultur. München 1995
Hartkemeyer, M./Hartkemeyer, J.: Freeman, D.: Miteinander denken. Das Geheimnis des Dialogs. Stuttgart 1998
Hauffe, T.: Design. 3. Auflage Köln 1998
Häußermann, Hartmut: Lebendige Stadt, belebte Stadt oder inszenierte Urbanität. In: Berlin-Foyer 9/95, S.12-14
Huber, A.: Stichwort: Chaosforschung. München 1996
Kersting, H.-J./Neumann-Wirsig,H. (Hg.): Supervision – Konstruktion von Wirklichkeiten. Aachen 1997
Knieß, M.: Kreatives Arbeiten. Methoden und Übungen zur Kreativitätssteigerung. München 1995
Königswieser, R./Exner, E.: Systemische Intervention. Architekturen und Designs für Berater und Veränderungsmanager. Stuttgart 1998
Kopp, Sheldon: Kopfunterhängend sehe ich alles anders. Köln 1984
Kopp, Sheldon: Triffst du Buddha unterwegs...Hamburg 1978
Lenz,G./Ellebracht, H./Osterhold, G.: Vom Chef zum Coach. Der Weg zu einer neuen Führungskultur. Wiesbaden 1998
Looss, W.: Unter vier Augen. Landsberg/Lech 1997
Manteufel, A./Schiepek, G.: Systeme spielen. Selbstorganisation und Kompetenzentwicklung in sozialen Systemen. Göttingen 1998
Möller, M.L.: Die Wahrheit beginnt zu zweit. Das Paar im Gespräch. Reinbek 1996
Moran,L., Musselwhite, E., Zenger, H.: Effektives Team-Coaching. Teams managen und zum Erfolg führen. Düsseldorf 1997
Nevis, E.C.: Organisationsberatung. Ein gestalttherapeutischer Ansatz. Köln 1988
Noteboom, Cees: Die Form, das Zeichen. In MERIAN 5/1992, S.36-41

Osterhold, G.: Supervision und Coaching – die Annäherung. In: Management-Seminar 4/92

Petzold, H.G.: Integrative Supervision und Organisationsentwicklung. Modelle und Methoden reflexiver Praxis. Ein Handbuch. Paderborn 1998

Pohl, M./Witt, J.: Innovative Teamarbeit zwischen Konflikt und Kooperation. Heidelberg 2000

Pohl, M.: Unter Begleitung. Kreatives Praxislernen an der Hochschule und prozessuale Supervision. In: Günter, R./Lötscher, L./Pohl, M.: Alte Wege, neue Wege. Ideen zu Industriekultur, Tourismus und Supervision. Essen 1999

Popcorn, F.: „Clicking“ – der neue Popcorn-Report. Neue Ideen für das Jahr 2000. München 1997

Rau, H.R./Trauth, F.: Business as unusual – Coaching in Echtzeit. In: OSC 1/00, S.9-32

Raudsepp, E.: Kreativitätsspiele für Manager. München 1994

Rauen, C.: Coaching. Innovative Konzepte im Vergleich. Göttingen 1999

Richter, K./Fallner, H.: Kreative Medien in der Supervision und Psychosozialen Beratung. Hille 1989

Richter, K.: Erzählweisen des Körpers. Seelze-Velber 1997

Riemann, F.: Grundformen der Angst. München/Basel 1978

Rückle, H.: Coaching. Düsseldorf 1992/2000

Ruping, B. (Hg.): Gebraucht das Theater. Die Vorschläge von Augusto Boal. Münster 1993

Sackmann, S.: Diagnose von sozialen Systemen. In: Fatzer,G. (Hg.): Supervision und Beratung – ein Handbuch. Köln 1993

Satir, V.: Selbstwert und Kommunikation. München 1978

Schmidt, G.: Business Coaching. Mehr Erfolg als Mensch und Macher. Wiesbaden 1995

Schmidt, M.R.: Bob Dylan und die sechziger Jahre. Aufbruch und Abkehr. Frankfurt/M. 1983

Schmidt-Semisch, H.: Die prekäre Grenze der Legalität. Drogenkulturgenuß. München 1994

Schmidt-Tanger, M.: Veränderungscoaching. Kompetent verändern. NLP im Changemanagement, im Einzel- & Teamcoaching. Paderborn 1998

Schreyögg, A.: Coaching: Eine Einführung in Praxis und Ausbildung. Frankfurt/M. 1995

Schreyögg, A.: Supervision. Ein integratives Modell. Paderborn 1991

Senge, P.M.: Die fünfte Disziplin. Kunst und Praxis der lernenden Organisation. Stuttgart 1996

Sennett, Richard: Fleisch und Stein. Der Körper und die Stadt in der westlichen Zivilisation. Berlin 1997

Shula, D./Blanchard,K.: Talent zum Coach hat jeder! So führen Sie zum Sieg. Wien 1996

Simon, F.: Die Kunst, nicht zu lernen. Auer Heidelberg 1997

Sprenger, R.: Das Prinzip Selbstverantwortung. Wege zur Motivation. Frankfurt/New York 1997

Sprenger, R.: Mythos Motivation. Wege aus einer Sackgasse. Frankfurt/New York 1998

Stein, A./Stein, F.: Kreativität. Psychoanalytische und philosophische Aspekte. München 1987

Ulsamer, B.: Ohne Wurzeln keine Flügel. Die systemische Therapie von Bert Hellinger. München 1999

Van Schlippe, A./Schweitzer, J.: Lehrbuch der systemischen Therapie und Beratung. Göttingen 1996

Vogel, H.-C. u.a.: Werkbuch für Organisationsberater. Texte und Übungen. Aachen 1994

Vogelauer, W. : Methoden-Handbuch Coaching. Kriftel 2000

Wahren, H.K.: Coaching. Eschborn 1997

Watzlawick, P. u.a.: Lösungen – Zu Theorie und Praxis menschlichen Wandels. New York 1974

Watzlawick, P. u.a.: Menschliche Kommunikation, Bern/Stuttgart Wien 1974

Whitmore, J.: Coaching für die Praxis. München 1997

Wilker, F.W. : Supervision und Coaching. 1995

Witt, J.: Die erfolgreiche Führungskraft. Heidelberg 1998

Witt, J.: Interaktive Führung. Heidelberg 1999

Zec, P.: Mit Design auf Erfolgskurs. Strategien, Konzepte, Prozesse.

Ihre Meinung ist uns wichtig

Nachhaltige Beratung lebt von Dialog und Feedback. Zur Qualitätssicherung und um die Arbeit weiter entwickeln und verbessern zu können, benötigen lernende Organisationen Rückmeldung. Das gilt auch für uns.

- Was in diesem Buch ist für Sie nützlich?
- Was hat Sie praktisch oder gedanklich angeregt?
- Was könnte noch verbessert werden?

Bitte richten Sie Ihre Impulse, Gedanken, Vorschläge und Anfragen an:

Heinrich Fallner
Hochstrasse 15
33615 Bielefeld
Tel: 0521/122830 - Fax 0521/122818

Michael Pohl
Melanchthonstr.60
33615 Bielefeld
Tel: 0521/176890 - Fax: 0521/5214645
e-mail: m.pohl.supervision@t-online.de
www.pohlvision.de